S aisi par la passion
du sport, alors qu'il
est encore enfant,
Serge Laget réussira
à en faire son métier.
D'abord au musée
du Sport français, où
il travaillera comme
responsable de
département pendant
dix-sept ans, puis
à *L'Equipe*, où il est
journaliste depuis
1987. Une trajectoire
au fil de laquelle il
publiera, seul ou avec
son épouse Françoise,
une quinzaine
d'ouvrages. En
particulier, *Le Grand
Livre du Sport Féminin*
(FMT, 1981), Grand
Prix de Littérature
Sportive, *Sportissimo*
(Le Chêne, 1993), une
histoire de l'affiche
sportive, *Sport et
Littérature* (ADPF,
1998) qui sera
récompensé par le prix
Blondin. Quant au
Rugby en toutes lettres
(Atlantica, 1999), la
première anthologie
consacrée au ballon
ovale, ils l'ont signée
en famille, ayant reçu
le précieux renfort
de leur fils Lionel.

*1er dépôt légal : mai 1990
Dépôt légal : juin 2003
Numéro d'édition : 125057
ISBN : 2-07-030435-3
Imprimé en France par Kapp, Evreux*

LA SAGA
DU TOUR DE FRANCE

Serge Laget

DÉCOUVERTES GALLIMARD
CULTURE ET SOCIÉTÉ

Organisé pour la première fois en 1903, le Tour de France est l'émanation d'un XIXe siècle foisonnant. Issu de la difficile métamorphose de la draisienne en bicyclette, il résulte des premiers tours bouclés par les Compagnons du devoir, par des professionnels en mal de record ou par des automobilistes en 1899, et du raccordement des courses de ville à ville qui ont zébré l'Hexagone dès 1869 avec le premier Paris-Rouen.

CHAPITRE PREMIER
AUX SOURCES DU TOUR

Sur route, puis sur piste, les courses, qui enchantent très tôt les spectateurs, irritent les chiens dont on se débarrasse avec un revolver, inoffensif mais bruyant, semblable à celui qui sert à donner les départs.

Exception faite du tour de France politique effectué en carrosse par Catherine de Médicis et le connétable de Montmorency de janvier 1564 à mai 1566, on n'a jamais été aussi près du Tour qu'en ce 5 avril 1818. C'est ce jour-là, en effet, que MM. Dineur et Garcin organisent au jardin du Luxembourg la

démonstration du vélocipède de M. Drais von Sauerbronn, professeur de mécanique. Ce génial baron badois de trente-trois ans a inventé, en 1817, ce vélocipède, ou draisienne, capable «de faire marcher une personne avec une grande vitesse, en rendant sa marche très légère et peu fatigante par l'effet du siège qui supporte le poids du corps et qui est fixé sur deux roues qui cèdent avec facilité aux mouvements du pied». Cette machine à direction mobile marche tellement bien que le 12 juillet 1817 – juillet, mois magique dont on reparlera – le baron fait l'aller-retour entre Mannheim et le relais de Schwetzingen «en quatre fois moins de temps qu'une malle-poste».

Dépourvu d'ornières, le jardin du Luxembourg devait permettre à la draisienne, déjà bien au point, de prendre son essor. Hélas, le baron Drais absent, son remplaçant ne sut pas s'accomoder du premier faux plat de l'Histoire.

Les balbutiements de la draisienne

Mais pour conquérir le monde, c'est de l'aval de Paris que le baron a besoin. Paris, capitale où l'on fait et défait les modes, où l'on impose les inventions et rejette les mystifications. Sauerbronn ne peut se déplacer et délègue son chasseur qu'il juge parfaitement apte à réussir seul l'expérience. Le démonstrateur se met donc en selle pour couvrir les 300 toises (600 mètres) annoncées en moins de trois minutes. Malheureusement, il ne parvient pas à prendre de vitesse les curieux qui le suivent en marchant. C'est la catastrophe. Cet échec va faire les délices des gens de crayon et de plume. Les gravures représentant une «machine admirable pour faire 14 lieues en 15 jours» fleurissent, cependant qu'au

théâtre du Vaudeville, dans *Le Rideau levé ou le siège du Parnasse*, on tombe à bras raccourcis sur cette «charmante invention qu'on ne peut faire marcher qu'en se donnant un mal de cheval».

Pour l'opinion publique, l'impression première se révèle, hélas, la bonne: c'est une mystification. Les «joujoux» du baron, comme l'écrit *La Petite Chronique de Paris*, sont «tout juste bons pour faire jouer les enfants dans un jardin». Ce premier accroc fait le bonheur d'une poignée d'originaux. D'un tourneur de Beaune, nommé François Lagrange, qui va de chez lui à Dijon – distant de 28 km – en 2 heures 30. Et de Jean Garcin qui, près de la barrière Montceau, en fait négoce et organise des courses avec les cochers de la ligne Paris-Lyon. Tout cela ne suffira pas à ramener au premier plan une invention encore vouée au rôle d'attraction dans les fêtes de Sceaux, Belleville, ou Montfermeil. La draisienne reçoit

Le baron Karl Drais von Sauerbronn (1785-1851) est ingénieur des Eaux et Forêts à Mannheim quand il invente la draisienne, ou «vélocipède», en 1817. Fin 1818, il aura beau réussir lui-même plusieurs exhibitions, il ne refera pas le terrain perdu au Luxembourg.

un meilleur accueil en Belgique et surtout en Angleterre où, devenue «hobby horse», elle provoque l'ouverture de manèges d'apprentissage et inspire poètes et mécaniciens qui lui font perdre quelques-uns de ses 40 kg, en cerclant ses roues de fer. Ils la dotent par ailleurs d'une selle mobile et rembourrée, et d'un garde-boue.

L e «hobby horse» séduit aussi bien les clowns, que les soldats ou les peintres, avant d'élargir sa clientèle grâce à la pédale.

Pour les Compagnons, cet engin, sorti de leurs mains s'ils sont charrons ou tourneurs, est le plus pratique et le plus économique pour effectuer, pendant quatre ans, leur inévitable tour de France d'initiation. Et lorsque l'on sait que leur philosophie repose sur «un homme, porteur en lui de tous les chefs-d'œuvre», on ne peut s'empêcher de voir entre eux et les géants de la route qui, sur le même pourtour, forgeront d'autres exploits, une heureuse parenté. Les sobriquets témoigneront longtemps de ce lien. Ainsi, lors du premier Tour, on retrouvera au contrôle Fourreau le menuisier volant, Pothier le boucher de Sens, Dargassies le forgeron de Grisolles et Garin le petit ramoneur.

Avec Michaux, le vélocipède vole!

Le serrurier Pierre Michaux et son fils Ernest ont l'idée de greffer une manivelle sur le moyeu de la roue avant d'une vieille draisienne. Pourvu d'ailes, le vélocipède peut enfin reprendre une marche en avant facilitée par l'utilisation de fonte malléable, puis de fer creux, la réduction du poids de la roue avant devenue motrice, l'apparition du frein, de la suspension, de la roue libre, du roulement à billes et du bandage caoutchouté. En moins d'une décennie, ces perfectionnements divers permettent à l'engin primitif de devenir à la mode! Après la cité Godot-de-Mauroy, à Paris, où, en 1861, il façonne deux vélocipèdes, puis cent quarante-deux l'année suivante et quatre cents en 1865, Michaux doit s'agrandir rue Jean-Goujon où, en 1868, ses deux cent cinquante ouvriers produisent douze véloces de 30 kg par jour.

La vélocipédie galopante enlève bastion après bastion. Alexandre Dumas père, Gustave Doré, Eugène Labiche, Ponson du Terrail et le petit Debussy en tête, tout le monde est pro-vélocipède ou tricycle. Ainsi que le jeune fils de Napoléon III, que l'on voit évoluer sur la plage de Trouville et qui est baptisé «Vélocipède IV» par les persifleurs.

Au Havre, à Angers et à Hyères,

Chapeau M. Ernest Michaux! (ci-contre). Il fallait y penser en 1861 à la pédale sur la roue avant, et avec votre père Pierre vous l'avez fait. Si cette invention révolutionnaire, amplifiée par René Olivier, ne vous a pas empêchés de mourir l'un et l'autre dans la misère, elle a fait bien des heureux. A commencer par le propre fils de Napoléon III (ci-dessus) que sa folie pour votre machine fait appeler «Vélocipède IV».

des courses voient le jour en 1867 et 1868. Mais tout comme en 1818, l'aval de Paris est nécessaire. L'homologation décisive interviendra le 31 mai 1868 à Saint-Cloud où, en présence d'une foule énorme, plusieurs épreuves disputées en partie par le personnel des ateliers de constructeurs sont couronnées de succès.

De la fantaisie au transport

A l'instigation de Richard Lesclide, père du *Vélocipède illustré,* et de la Compagnie Parisienne des frères Olivier – les successeurs de Michaux – se dispute le 7 novembre 1869, de Paris à Rouen, l'épreuve qui va lever les ultimes réticences. Ce qui n'était jusque-là qu'une «fantaisie», au mieux un «système bâtard de traction», va devenir, grâce à Moore qui couvre en moins de onze heures les 123 km séparant l'Arc de triomphe de l'église Saint-Paul de Rouen, un authentique système de transport puisqu'il rivalise enfin avec le cheval. «Le cheval articulé français

L'idée de la première bicyclette, c'est-à-dire d'une «machine à roues à peu près égales dont l'entraînement par la roue arrière se fait avec la transmission d'une chaîne», est matérialisée dès 1868 par Meyer et Guilmet. Rustique, ce prototype (ci-dessous) qui pèse moins de 20 kg, grâce à un cadre en tube de gaz, possède aussi des rayons en fil de fer vissés dans le moyeu et une jante également en fer pouvant recevoir le caoutchouc dans la gorge.

mangeant plus d'huile que d'avoine» est si bien au point qu'outre-Manche nos champions font des prouesses et que l'écrivain Charles Dickens prend sa première leçon de vélocipédie sur un «french velocipede».

C'est l'âge de la «vélocipédomania». Les bourgeois conquis se vengent à leur tour des cochers en les écrasant à qui mieux mieux. De là à prendre la clé des champs, la route du Tour, il n'y a qu'un pas. Mais la guerre de 1870 brisera tous ces rêves. Avec dans la foulée la Commune, le traumatisme de la perte de l'Alsace-Lorraine, retrouver l'euphorie initiale ne sera pas aisé.

Dans un tel contexte, on ne s'étonnera pas que des œuvres cultivant l'évasion, comme *Le Tour du monde en 80 jours* de Jules Verne, ou le nationalisme, comme *Le Tour de France par deux enfants* de G. Bruno, toutes deux parues dans les années 1870, obtiennent un énorme retentissement. La débrouillardise de notre compatriote Passepartout (chez J. Verne) est une invitation au voyage aussi forte que les pérégrinations des deux orphelins lorrains, André et Julien (chez G. Bruno), qui nous familiarisent avec les richesses de l'Hexagone. Des livres déclics? Sans aucun doute. L'un et l'autre marqueront plusieurs générations. En 1873, Adolphe Clément, apprenti serrurier à peine âgé de dix-sept ans, ne craint pas de prendre la route sur un vélocipède de sa fabrication. Ce voyage, plus qu'une simple randonnée, constitue une véritable

Des courses du vétérinaire Moore, en 1868-1869, lauréat de Paris-Rouen sur un vélocipède à roue libre, au tour de France pédagogique de Bruno (ci-dessus), il n'y a qu'un pas. Forest et Mettey le franchissent en 1873 en bouclant eux aussi, mais à vélocipède, leur Tour de France.

expérience professionnelle. Pareille expédition, même en l'absence de notions de course, témoigne d'un réel progrès. Un autre cap est ici franchi.

Le grand bi freine l'évolution du vélocipède

Tout irait plus vite si le bicycle, dénommé aussi «grand bi», importé d'Angleterre, ne débordait notre industrie vélocipédique déboussolée par les conflits. La roue avant est motrice et, si on en augmente le diamètre, chaque tour procure un meilleur rendement.

Avec ces engins dont la hauteur effraie et dont l'utilisation est dangereuse, boucler un tour de France devient vraiment hypothétique. Superbes pour l'œil, ils font le régal des acrobates et de deux des mécaniciens français chez qui se manifeste «l'esprit de recherche et de perfectionnement» : Renard invente les rayons tangents et Truffault allège l'araignée, autre appellation du bicycle, en se servant de fourreaux de sabre au rebut pour confectionner des jantes creuses.

Sur des bicycles à billes anglais de 23 kg, d'une hauteur allant de 1,23 m à 1,30 m, Pagis et De Laumaillé couvrent en 1875 les 1 254 km séparant Paris de Vienne en douze jours et dix heures ! Comme le record hippique de référence était de quinze jours, la conclusion est lumineuse. L'exploit est carillonné. Le grand bi a réussi à dépasser le cheval et prouve au grand public qu'un homme moyennement musclé peut voyager seul, rapidement, sainement, économiquement, sans utiliser le chemin de fer, ce «grand frère qui fume, mange les paysages et n'apprend aux voyageurs que les poteaux télégraphiques et les gares d'un pays». Mais à cause de l'insurmontable handicap que constitue la taille du grand bi, la démonstration n'aura pas les retombées escomptées.

En 1876, Pagis, toujours lui, regroupe les adeptes du pédalage haut perché dans une Union vélocipédique parisienne, première instance nationale qui deviendra en 1881 l'Union vélocipédique de France. Sitôt créée, cette fédération organise à Paris, place du Carrousel, les premiers Championnats de France.

V edette des courses de grand bi, Frédéric de Civry introduit dès 1885 la notion de record. Mais ces efforts conjugués aux exploits de Duncan, Dubois, Medinger ou Terront, qui en 1888 devient champion de France des 100 km en 3 h 28 s, ne parviennent pas à élargir le champ de recrutement des bicyclistes. Cette élite, d'origine souvent modeste, finit par créer une sorte d'aristocratie. Clément, l'ex-Tour de France, qui a créé sa propre usine en 1878, leur fournit de magnifiques machines de 12 kg, aussi performantes que les anglaises. Autodidacte au fabuleux esprit d'entreprise, Clément dessine également les plans d'un tricycle qui capte les clientèles bourgeoise, ecclésiastique et féminine, en mal d'engin sûr.

La bicyclette apparaît enfin!

Les fabricants anglais Lawson et Starley reviennent à des modèles plus sages, des «safeties», dont les roues sont plus basses, d'égale grandeur ou presque. Avec selle reculée, et pédalier relié à la roue arrière, devenue motrice, c'est bien en présence de la première bicyclette que nous nous trouvons. Le premier à la faire rouler sur notre sol sera H. O. Duncan. En 1886, il va de Montpellier à Paris en six jours. A Saint-Etienne, la singularité pratique de sa monture n'échappe pas aux constructeurs Gauthier qui se mettent aussitôt à l'ouvrage. De quarante bicyclettes recensées en 1887, on passe à quatre-vingt-dix-neuf en 1889... Aux rares bicyclistes anglais que ne rebutait pas

Charrier   Artaud   de Civry   Jiel-Laval   Climent   de Clèves   Morvillec
         Lamberjack   Tol   Echalié   Voi

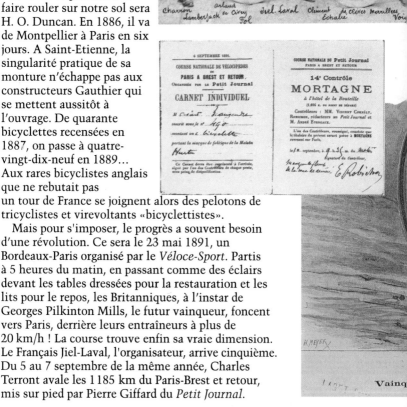

un tour de France se joignent alors des pelotons de tricyclistes et virevoltants «bicyclettistes».

Mais pour s'imposer, le progrès a souvent besoin d'une révolution. Ce sera le 23 mai 1891, un Bordeaux-Paris organisé par le *Véloce-Sport*. Partis à 5 heures du matin, en passant comme des éclairs devant les tables dressées pour la restauration et les lits pour le repos, les Britanniques, à l'instar de Georges Pilkinton Mills, le futur vainqueur, foncent vers Paris, derrière leurs entraîneurs à plus de 20 km/h ! La course trouve enfin sa vraie dimension. Le Français Jiel-Laval, l'organisateur, arrive cinquième. Du 5 au 7 septembre de la même année, Charles Terront avale les 1 185 km du Paris-Brest et retour, mis sur pied par Pierre Giffard du *Petit Journal*.

Il s'agit de tester la fiabilité de la machine pour l'améliorer, la démocratiser, car le grand journaliste a bien senti qu'elle pouvait devenir un véritable «bienfait social». Le «Napo-Terront» du cycle, rompu à la dureté des Six jours d'outre-Manche, impose aussi le pneumatique démontable Michelin. Malgré cinq crevaisons, sur sa Humber de 21 kg avec frein unique à l'avant, en mangeant, se reposant et bougeant très peu sur la selle, Terront boit en effet l'obstacle à plus de 16 km/h!

Un exquis plaisir d'aventure

L'enthousiasme est comparable à celui qui suivit la traversée de l'Atlantique par Lindberg,

Donné un moment pour mort, Charles Terront (ci-contre), en gagnant le Paris-Brest et retour de 1891, c'est-à-dire la course du siècle, impose la bicyclette... A force d'opiniâtreté et de courage, il bat non seulement Jiel-Laval (à gauche) mais aussi, avec ses Michelin, Dunlop qui a fourni les gros «boudins» du Bordelais en tête à mi-parcours. Un carnet de contrôle individuel garantissait à l'épreuve une régularité relative... Relative, car des sosies trouvèrent malgré tout le moyen de se relayer! En fait, cette «course nationale» revêtit par rapport à nos voisins une valeur, symbolique et politique. D'une part, elle prouvait aux Allemands que le muscle français capable de rallier Brest était également capable de se tourner vers Strasbourg occupée. D'autre part, vis-à-vis des amateurs anglais, qui avaient écrasé Bordeaux-Paris en mai, on prouvait encore que nos champions ne manquaient pas de répondant. Terront, le vainqueur, absent de la «déculottée» de Bordeaux-Paris, reléguait à plus de huit heures Jiel-Laval, qui n'avait pu terminer que quatrième face à la tornade anglaise...

M. CHARLES TERRONT
de la course nationale de Paris à Brest
anisée par le « Petit Journal »

confie le peintre Maurice de Vlaeminck, écumant alors les pistes. *L'Histoire générale de la vélocipédie* s'envole à la vitesse des pneumatiques Michelin, et son auteur, Baudry de Saunier, écrit : «Une époque qui avait inventé la machine à vapeur, le télégraphe, le téléphone, le phonographe et plus plaisamment la machine à cirer les bottines, fabriquer le café ou une gibelotte, devait concevoir la bicyclette. Cette machine à multiplier les forces ambulatoires de l'homme.» La bicyclette «moyen de plaisir exquis lance par les routes des milliers d'heureux et affiche la faillite sur les portes des gymnases, des manèges équestres et des garages nautiques».

C'est de la capitale que s'élancent, vers Clermont-Ferrand, Ostende ou Nantes en 1892, vers Bruxelles en 1893, vers Saint-Malo, Spa et Bar-le-Duc en 1894, des courses dont certaines deviendront des «classiques». Elles permettent de rendre le matériel encore plus performant. Cet esprit d'aventure et d'entreprise se traduit aussi par des records individuels de ville à ville : en 1894, Terront relie Rome à Paris en six jours et quinze heures. Tout devient possible et les projets fusent. En 1893, une course «monstre» est ainsi dans l'air. Organisée par *Le Journal*, elle passerait par Nantes, Bordeaux, Toulouse, Marseille, Lyon, Troyes et se terminerait à Paris ! Un Paris-Saint-Pétersbourg via Vienne a ses partisans, de même qu'aux Etats-Unis un New York-Chicago de 1 440 km, à raison de huit heures par jour pendant neuf jours. Avec de telles audaces, le Tour de France «chauffe» vraiment.

Deux tours solitaires

En janvier 1895, Terront lui-même formule le souhait de faire un tour de France à bicyclette à pétrole. Quand on sait qu'il est alors plus

Desgrange a beau être, à l'époque, contre les courses sur route, beaucoup trop dures et faussées par les entraîneurs, les Bordeaux-Paris qui sont annuels, et non décennaux comme les Paris-Brest, rencontrent un succès colossal, presque aussi conséquent que celui enregistré sur piste, lors du match de 1 000 km entre Terront (ci-dessous) et Corre. Ce sera l'occasion d'une nouvelle victoire pour «Napo-Terront».

BORDEAUX-PARIS
14 MAI 1892

M. STEPHANE LE VAINQUEUR
A BATTU DE 58ᵐ LE RECORD
DU CHAMPION ANGLAIS MILLS
PARCOURANT 572 KILEN 25ʰ 37ᵐ

M. VIGNEAUX SECOND A BATTU DE 32ᵐ
LE RECORD DU CHAMPION ANGLAIS HOLBEIN

L ors du Bordeaux-
Paris de 1892, les
gens attendent toute la
nuit au bord de la route
pour voir passer
Stephane (ci-contre) et
Cottereau, dont les
noms sont plus
souvent prononcés en
une journée que ceux
de Musset ou Heine en
dix ans. C'est
l'apothéose du muscle,
toujours précieuse pour
la patrie. La
protestation contre
l'anémie.

célèbre que le président Carnot et Alfred de Musset
réunis, depuis qu'en 1893 il a rallié Saint-Pétersbourg
à Paris, on imagine que le projet doit faire quelque
bruit. Au point que Corre, éternelle victime de
Charley, voyant là l'occasion d'effacer ses échecs,
annonce en mars que lui va accomplir cet exploit à...
bicyclette. Mais Théophile Joyeux, autre bon petit
coureur professionnel de l'heure, le déborde et boucle

en mai de la même année les fatidiques
4 429 km en dix-neuf jours (une moyenne de
235 km par jour). Une belle performance
devant laquelle Corre s'inclinera encore
en septembre, en mettant vingt-cinq
jours pour accomplir les 5 012 km de
son périple hexagonal (une moyenne de
200 km par jour). Il perd donc son match
singulier avec Joyeux, mais son
constructeur sauve les meubles grâce à une
très habile campagne d'affichage. Elle a le
mérite de montrer la première carte d'un vrai
Tour. Solitaire certes, mais essentiel dans ce
long cheminement vers le grand feuilleton du
XXe siècle.

   Pendant quatre ans, jusqu'au tour de France
automobile en sept étapes organisé par
Le Matin en 1899, le circuit magique
s'estompera d'autant plus facilement
qu'avec le cyclisme sur piste et les exploits des
sprinters ou des «stayers» les vélodromes ne
désemplissent pas. Certes Paris-Roubaix, Paris-
Tours et Paris-Mons voient bien le jour en 1896,
mais le spectacle offert par les routiers est trop
éphémère, entaché de trop d'irrégularités à cause des
entraîneurs, pour rivaliser avec le cercle enchanté des
vélodromes d'Hiver, de l'Est, de Clignancourt, de
Buffalo, du Parc des Princes ou de la Seine. En demi-
fond, les stayers, dans le sillage de «pacemakers»
colorés pilotant de spectaculaires tandems, triplettes

L'âge d'or de la piste
repose sur les
sprinters qui jouent
leur vie sur 500 m et
sur les stayers,
spécialistes des longues
distances, qu'ils
couvrent aspirés par les
pace-makers
(entraîneurs sur
tandems, puis, plus
tard, sur moto).

En 1900, l'idole du
public populaire,
c'est Edmond
Jacquelin (à droite).

ou quintuplettes, tombent des records à la pelle et tiennent en haleine des vélodromes entiers, non plus un après-midi mais une journée, une nuit, voire soixante-douze heures.

En 1900, le sprinter Edmond Jacquelin (ci-dessous), qui bat régulièrement les étrangers, est l'honneur de la France patriote.

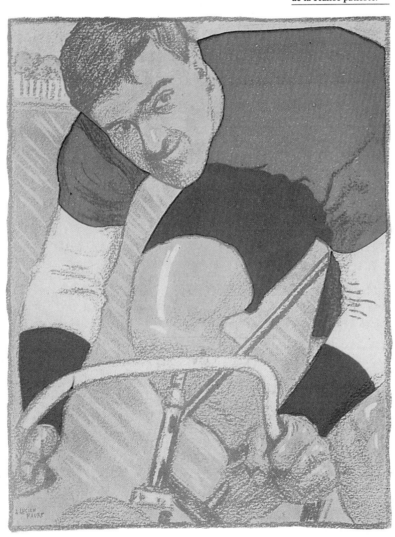

Les femmes et les Noirs s'émancipent

Les cyclistines y vont aussi de leur couplet, en jupe-pantalon et sans corset! C'est à ce prix que l'on bat les records et sert l'émancipation féminine. On voit pédaler Sarah Bernhardt, la belle Otero et Yvette Guilbert. Les coureuses Louise Roger, Lisette, et Hélène Dutrieu ont beau être vives et jolies, elles n'arrivent pas à la cheville galbée des créatures de rêve dont les graphistes se servent pour la promotion

Un moment assimilée à la «pernicieuse machine à coudre», la bicyclette joue pour la femme le rôle émancipateur souhaité par Zola. Dans la vie courante comme sur la piste, où déjà en maillot une-pièce les championnes excellent dans les Six jours.

des marchands de cycles. Pal, Misti, Guillaume, Decam, Willette, Cheret, Thiriet rivalisent alors de talent pour nous propulser dans le sillage de leurs pulpeuses cyclistines. Toulouse-Lautrec, Bottini, Vuillard et Villon sont aussi de la croisade, mais chez eux, les champions priment. Comme prime alors le sprinter noir Major Taylor à qui il faut un talent insensé pour s'arracher à deux roues de son ghetto... Bref, les vélodromes bouillonnent et, depuis 1893, ils accueillent des championnats du monde. Avec les

La championne française Jeannie Longo-Ciprelli (ci-dessus) imposera le Tour féminin et le remportera en 1987, 1988 et 1989. En 2001, à 42 ans, après 652 victoires et 5 records de l'heure, elle nous enchante encore.

L'illustré National

HUIT Pages : CINQ centimes.

ABONNEMENTS

rance, Algérie, Tunisie 2 fr. 3 fr. 50
tranger (Union postale)... 2 fr. 50 5 fr. »

ANNONCES

Tour la Publicité, s'adresser
106, Boulevard St-Germain

ᵉ Année. Nᵒ 22. Dimanche 28 Mai 1899. ADMINISTRATION : 106, Boulevard St Germain
PARIS

Paraît chaque semaine.

LA NOUVELLE LOI SUR LES PLAQUES DE BICYCLETTES

Grands Prix des capitales, et surtout celui de Paris, c'est un véritable pactole qui se répand sur les seigneurs de la vitesse. Une heure d'entraînement par jour, deux ou trois heures de compétition, et l'on gagne deux fois plus qu'un vainqueur du Bordeaux-Paris. Leur train de vie est alors supérieur à celui d'un ministre. On roule en carrosse et l'on a même sa loge à l'Opéra!

Un million de pédaleurs et de pioupious

En ce XXe siècle balbutiant, l'impôt vélocipédique, créé en 1893, permet de recenser pas moins d'un million de Français qui pédalent. Zola, Clemenceau, Richard Strauss, Gustav Mahler, Ernest Chausson, le roi d'Espagne, le prince de Galles, Octave Mirbeau, ou Paul Hervieu, convaincu «que la bicyclette peut jouer un rôle de bienfaisance et d'apaisement», ont montré l'exemple et contribué ainsi à cette formidable évolution. Mais tout arrive! Preuve en est que l'armée l'adopte à son tour. L'idée fixe de l'heure est de reconquérir l'Alsace-Lorraine. Hélas, les quelques compagnies pourvues d'une machine pliante Peugeot de 10,5 kg seront davantage objet de la curiosité que d'un intérêt réel. Les petits pioupious à bécane défileront à Longchamp en 1901 et, pendant la Grande Guerre, Bernanos sera agent cycliste à la 1re brigade de liaison...

«Le Vélo» contre «L'Auto-Vélo» : c'est la guerre

Mais l'étincelle va surgir enfin dans le climat passionnel qui prélude au tournant du siècle. Elle

Le capitaine Gérard, promoteur incompris de la vélocipédie militaire, fredonna sans doute ce refrain :
«Quand viendra le jour d'la revanche
Il ne faudra pas que ça flanche
Les cyclistes nouveaux soldats
S'ront les premiers aux combats
Pour nous votre baïonnette
Sera, sera, sera, la bicyclette.»
L'impôt vélocipédique, annuel, se matérialise par une plaque (ci-dessous) fixée sur le cadre.

surgira à l'occasion de l'affaire Dreyfus. Patron du journal *Le Vélo*, Pierre Giffard est dreyfusard; le comte de Dion, un de ses plus puissants annonceurs, appartient au parti adverse. Des incidents survenus à Auteuil précipiteront la rupture. Emporté par sa passion, Giffard mélange sport et politique. Il en vient même à refuser les publicités que son adversaire paie dans ses pages vertes. Gros industriel soucieux d'écouler ses multiples produits, le comte n'a pas le choix : il doit créer son propre journal. *L'Auto-Vélo* est de couleur jaune, il paraît le 16 octobre 1900 et son responsable est Henri Desgrange. D'emblée, la concurrence est acharnée. Le journal vert s'occupe des deux courses majeures : Paris-Brest, que Garin enlève en 1901 en mettant dix-neuf heures de moins que Terront en 1891, et la doyenne, Bordeaux-Paris. Desgrange, ex-recordman du monde de l'heure, refuse d'autant plus de se laisser faire que Giffard lui demande par voie de justice la suppression du mot «vélo» de son titre. En 1902, il prend une belle revanche en organisant un Marseille-Paris réussi et surtout un Bordeaux-Paris bis, dont le lauréat, Garin, met quatre heures de moins que le vainqueur de l'épreuve concurrente. Ça c'est du sport, et ça correspond à un besoin nouveau chez les spectateurs lassés du train-train des revanches de la piste. Afin de trouver l'idée qui imposera son journal, Henri Desgrange harcèle ses collaborateurs et parmi eux un formidable garçon de vingt-six ans, Géo Lefèvre.

C'est ce sociétaire de l'exemplaire Stade Français qui, lors d'un déjeuner pris avec son patron au Zimmer Madrid du boulevard Montmartre, lance, un peu au hasard : «Pourquoi pas le Tour de France, on ferait des étapes coupées de jours de repos... Desgrange sursauta et me demanda si je devenais fou et si je voulais tuer les Garin de l'époque.»

Ci-dessus, le comte de Dion, anti-dreyfusard et, à gauche, son adversaire, Pierre Giffard, patron du *Vélo* auquel l'organisation du Tour par *L'Auto* va porter un coup mortel, après lui avoir soufflé dès 1901 l'organisation du deuxième Paris-Brest, son épreuve fétiche.

L'aventure commence le 1er juillet 1903, à 15 h 16, à Villeneuve-Saint-Georges. Devant le café Le Réveil Matin, tout un programme et tout un symbole pour Desgrange, pour qui l'épreuve est précisément destinée à réveiller les énergies. Deux tours de chauffe gagnés par Garin, le petit ramoneur, et Cornet sont nécessaires pour rompre avec le XIXe siècle, se défaire du «Vélo», le concurrent redouté, et devenir crédible.

CHAPITRE II
LE TOUR, ENFIN...

Pour les cycles «La Française», la très puissante marque nationaliste, dont le patron est parent de Clément, cofondateur de *L'Auto*, ne pas gagner le Tour de France serait une catastrophe. L'opposition capable de le priver de ce tremplin idéal est faible : d'où ce quintuplé historique.

Jusqu'alors sur la réserve, Desgrange s'investit totalement. C'est lui qui, avec le concours de champions de la trempe de Trousselier, Pottier, Petit-Breton, Faber, Lapize, Garrigou, Christophe ou Thys, va donner à la course son deuxième souffle. Un souffle épique grâce à son style inimitable et grâce aux étapes de montagne dont les verdicts sont impressionnants. Les tirages de *L'Auto* bondissent au rythme des Tours qui passent de 2 500 à 5 000 km et de six à quinze étapes. Le Tour de France fait enfin le tour de la France. Il le fait même de plus en plus vite grâce à Alcyon et Peugeot, qui réduisent à une douzaine de kilos le poids des machines où la roue libre puis les vitesses se substituent au pignon fixe. Un, puis deux freins permettent de supprimer ces fagots loués au sommet des cols pour se ralentir en descente.

Le Tour va faire une révolution

Officiellement amputée de la partie «Vélo» de son titre le vendredi 16 janvier 1903, la toute fringante *Auto* contre-attaque dès le lendemain en présentant le calendrier de ses manifestations pour l'année à venir. En effet, en l'absence de pouvoir sportif digne de ce nom, c'est donc le 10 de la rue du Faubourg-Montmartre, siège de *L'Auto*, qui met sur pied cinq épreuves d'automobile, deux d'athlétisme, une de natation, d'aviron, d'épée, de poids et haltères, et enfin quatre de cyclisme.

De ces dernières, nous ne retiendrons ni Paris-Roubaix ni Paris-Troyes, mais «une grande course cycliste sur route d'un intérêt tel que nous y reviendrons spécialement ces jours-ci». Le numéro du lundi 19 janvier le clironne à la une : il s'agira du «Tour de France», né en décembre de l'imagination féconde du jeune Géo Lefèvre. Du 1er juin au 5 juillet,

Grâce au Tour de France, le match entre *Le Vélo* vert de Giffard et *L'Auto-Vélo*, puis *L'Auto*, jaune de Desgrange (ci-dessus), ancien recordman de l'heure au maillot avec chimère d'argent, ancien avocat, ancien directeur de vélodrome, durera moins de quatre ans. De la bicyclette comme bienfait social, on passe à une épreuve reconnue d'intérêt public.

en six étapes totalisant environ
2 500 km, il s'agira de faire parcourir
aux coureurs de *L'Auto* les trois-
quarts de la France, «de donner à des
populations entières, qui n'en ont
jamais vu, le spectacle de la plus
belle manifestation du sport cycliste,
et au vainqueur une renommée égale
à celle de Charles Terront, le
vainqueur de Paris-Brest». Cette
proclamation enflammée de
Desgrange ne fait qu'amplifier dans
le monde sportif l'énorme émotion
que suscite partout la nouvelle. Les
télégrammes de félicitation pleuvent,
la presse est en délire, «seul *Le Vélo*
ne consacre pas une ligne à la plus
sensationnelle course de
vélo organisée depuis
l'invention du cyclisme».

L a coupe Gordon
Bennett et la
Marche des banquiers
auraient pu faire la
une de *L'Actualité*
(ci-dessus) qui avec
à propos opte pour
l'envol du Tour de
France. Au départ de
Villeneuve-Saint-
Georges, on reconnaît
Pasquier, Aucouturier,
Garin et Fischer... En
fin de Tour, quelque
vingt jours plus tard,
le tiers de l'effectif
rejoindra Ville-d'Avray
puis le Parc des Princes.
Malgré un écart de
deux jours entre
premier et dernier,
les observateurs sont
frappés par l'absence
de fatigue, de déprime.
Les géants de la route
viennent de naître.

L'attrait des 20 000 francs de prix s'avère très
vite insuffisant pour mobiliser des pédaleurs
du 31 mai au 5 juillet. Et en dehors de
Maurice Garin et de sept autres champions,
les engagements sont tellement rares que
le 6 mai, on annonce des modifications
fondamentales. Partie le 1er juillet,
l'épreuve ne durera plus que dix-huit
jours. Le droit d'entrée est réduit de 20 à
10 francs. Enfin, au titre des frais de route,
une indemnité quotidienne de 5 francs sera versée
aux cinquante premiers, sous réserve qu'ils n'aient
pas déjà gagné plus de 200 francs dans la course
totale. C'est le déclic. Du jour au lendemain les
engagements doublent, les primes affluent, et des
villes protestent parce que le Tour les néglige... Au fil
des jours, Géo Lefèvre cerne la portée de l'événement.
Pour les constructeurs équipant les vainqueurs, les
conséquences commerciales seront colossales. Par
ailleurs, et le champion Aucouturier qui est parti
reconnaître l'itinéraire le souligne, le Tour va faire
une révolution dans les nombreuses agglomérations
où l'on ignore encore tout du sport cycliste.

J'étais pourtant parti le premier de Villeneuve-Saint-Georges et arrivé à Lyon avant Garin!

«Celui qui aura vu courir, voudra courir», dit le bon Géo

L'aventure malheureuse d'un coureur, parue en juillet 1903 dans *L'Actualité*.

Reconnaissances terminées, contrôles volants et secrets mis en place, le 1er juillet 1903, à 15 h 16, soixante professionnels, «inconscients et rudes semeurs d'énergie», comme les qualifie joliment Desgrange, quittent l'auberge du Réveil Matin située à la sortie de Villeneuve-Saint-Georges, à l'intersection des routes de Melun et de Corbeil.

Desgrange reste à Paris et les regarde foncer vers Lyon, distant de 476 km. Il a toute confiance en Géo, à qui sa jeunesse et une formidable passion permettront de jongler avec train et bicyclette, pour veiller à la régularité du pari, tout en rédigeant des comptes rendus. Avec des favoris du calibre de Garin et Aucouturier, des Belges, des Suisses, des Allemands, ainsi que de nombreux régionaux pédalant pour le seul gain d'étape (brassard jaune) ou pour le classement général (brassard vert), le peloton ne manque pas d'allure. Et d'emblée, la légende des cycles prend son envol. Le grand Hippolyte Aucouturier marche à merveille,

F Mais comment ne pas remercier les cyclistes lyonnais qui venaient m'offrir un magnifique saucisson d'honneur!

Et pouvais-je passer à Tarascon, sans aller en tailler une avec mon vieil ami Tartarin?

lorsqu'on lui fait absorber «une espèce de limonade à l'acide sulfurique» qui lui coupe bras et jambes, le mettant hors concours général. Léon Georget étonne : il consomme tellement de fraises, de brutal – vin rouge – et de biscuits qu'on lui trouve vite une allure gargantuesque. Des cyclotouristes y vont même de leur couplet, en voyant passer des «Tours de France» à 20 km/h. Avec des développements de 6 mètres, ils s'écrient : «C'est pas des hommes, c'est des taureaux!»

P as plus que Bordeaux-Paris, le Tour ne tue pas.

Puis Marseille... oh! Marseille!... La Canebière!... Les Marseillaises!... Je comptais me rattraper en brûlant

Garin exagère

C'est «le Petit Ramoneur», alias Maurice Garin, qui s'impose à Lyon. Arrivés le 2 juillet, les coureurs prennent un premier repos et repartent le 4 pour Marseille. En pleine nuit. Aucouturier, en maillot rayé rouge et bleu, témoigne avec bonheur et d'autant plus facilement qu'il ne court plus que pour gagner des étapes : «Il faisait noir comme dans un four, des rails de tramways par douzaines, un vrai casse-gueule quoi!» A Marseille, où il fait 30° C. à l'ombre, il s'impose d'ailleurs malgré Georget mâchant rageusement son mouchoir trempé d'eau. Mais c'est à partir de Marseille, et en direction du troisième secteur, Toulouse, distant de

La preuve : quatre ans après avoir ouvert le palmarès, Maurice Garin (à gauche) est venu au contrôle de Clermont pour féliciter Emile Georget (à droite), lauréat de la première étape du Tour 1907. Maurice porte encore la veste blanche qui l'a fait surnommer en 1903 «le bouledogue blanc». Il disparaîtra en 1957, à 86 ans.

434 km, que grâce aux témoignages des journalistes de *La Provence sportive*, on comprend que c'est l'équipe «La Française», celle de Garin, qui tire exagérément, impunément, les ficelles, au point d'étouffer et de fausser la course. Certes, le succès populaire est énorme, et dans les plus petits villages, à 2 heures du matin, les habitants font la haie sur le pas de leur porte pour voir, dans les quatre phares puissants d'une automobile verte, gigoter une boule blanche nommée Garin. Le problème, c'est que les contrôleurs eux-mêmes ravitaillent «La Française» hors règlement, quand ils ne fournissent pas une machine à Pothier qui a passé la sienne à son chef.

Complicité de l'organisateur?

Ailleurs, c'est l'ingénieur chef de «La Française» qui gifle Georget parce qu'il refuse de rejoindre ses rangs… Et comme l'organisateur semble avoir besoin de ladite équipe pour mettre sur orbite sa manifestation, de la réputation de Garin pour la crédibiliser, et enfin de publicité, il ferme les yeux. Aucouturier sauve encore les meubles à Toulouse, et le Suisse Laeser est, à Bordeaux, le premier étranger à gagner une étape du Tour. A 80 km de Nantes, terme du cinquième secteur, et peut-être parce qu'ils ont hérité des bouteilles brisées par les premiers, Joseph

Bouclé en six étapes, le Tour 1903 permet à Garin de triompher trois fois. Aucouturier s'impose à deux reprises, mais hors classement général. Quant au Suisse Laeser (ci-dessous), il est irrésistible à Bordeaux.

Fischer et Samson crèvent respectivement cinq et six fois. Quant à Garin, qui ne percera qu'une seule fois sur tout le parcours, il offre 100 francs à un spectateur pour qu'il ne prête pas sa machine à Augereau, qui vient de crever. La sixième et dernière étape est jugée à Ville-d'Avray, elle permet au leader des «La Française» de parachever sa démonstration. En ce 19 juillet, il y a cent mille spectateurs sur le parcours, cinq mille à Ville-d'Avray et vingt mille au Parc des Princes où, sur la toute neuve piste en ciment de 666 mètres, les vingt et un rescapés viennent boucler leur tour d'honneur. Parus sept minutes après l'arrivée, les cent trente mille exemplaires d'une édition spéciale de *L'Auto* se volatilisent en quelques instants.

Succès nuancé pour le premier Tour

La Provence sportive parle de «course au truquage». Qu'importe, Garin, qui, à trente-deux ans, pèse 64 kg comme au départ, n'en est pas moins comparé au général Boulanger, et fêté comme César ou Pompée. Tout ça parce que sur une machine d'un peu moins de 20 kg, il a couvert 2 428 km à une moyenne de 25,679 km/h.

Desgrange se félicite d'avoir complètement supprimé les entraîneurs, source de tricherie supplémentaire, «laissant jusqu'au bout la course à sa belle simplicité». Pour lui, ce n'est plus une

❝ Aucune course n'a jamais suscité pareil enthousiasme. A mesure que nous approchons de Paris, c'est une haie qui s'ouvre devant nous », constate avec émerveillement le champion Rodolphe Muller. Parmi ces milliers de curieux venus assister au drame poignant, combien se sentent touchés par la grâce sportive, se font honte à eux-mêmes de l'inaction physique où ils ont toujours vécu... C'est là uniquement qu'il faut chercher les causes du prodigieux succès du Tour de France, qui reste avant tout, conclut Desgrange, la grande croisade morale du sport cycliste.❞

conviction, mais une certitude, cette course était «encore le meilleur moyen de nous étonner, de susciter partout de l'émulation, de l'énergie, de la volonté».

Le jeune Pothier de Sens qui a terminé à trois heures de son leader n'en est plus qu'à trois minutes au terme du Tour 1904 où les fruits amers de la première édition se sont multipliés. Face à l'inébranlable mur dressé par l'organisation «La Française», les chauvinismes locaux, exacerbés, n'ont que la violence comme recours. Dans le col de la République (deuxième étape), le régional Faure s'échappe cependant que ses farouches supporters bastonnent ses poursuivants. L'ordre sera rétabli à coups de revolver. Au contrôle de Nîmes, c'est au tour des supporters de l'Alésien Payan, justement disqualifié pour tricherie, de provoquer une émeute! Aucouturier a beau enlever quatre des six étapes, il n'entrave pas le doublé de Garin. Il ne réconforte pas davantage un Desgrange désespéré qui déplore : «Le Tour est terminé et sa seconde édition, je le crois bien, aura été la dernière. Il sera mort de son succès, des passions aveugles qu'il aura déchaînées.»

Desgrange reprend la «croisade morale du sport cycliste»

Mais cette aventure lui tient trop à cœur et Desgrange se ressaisit dès le 4 novembre. Le déclassement des quatre premiers – les deux Garin, Pothier et Aucouturier – par l'Union vélocipédique de France, le 30 novembre, l'incite davantage encore à prendre le taureau par les cornes. Dans la mise hors course de Garin et le chancellement du *Vélo*, Desgrange voit disparaître les derniers liens avec le XIXᵉ siècle. Ce qui compte pour lui à présent, c'est de faire du Tour une course moderne.

Après deux essais, le Tour va enfin devenir sa chose. Il va le suivre et le raconter dans son style inimitable. Pour atténuer l'impression de courses classiques juxtaposées que pouvaient encore donner les étapes, il crée un classement par points – avec un doigt de temps – qui cheville mieux la course. Grâce à un allongement de 500 km et le passage à onze

C'est sur le tapis vert, et plus de quatre mois après l'arrivée, que, consécutivement à la disqualification des quatre premiers, Henri Cornet (ci-dessus), alias Henri Jardry, est déclaré lauréat du Tour 1904. C'est sa bonne humeur et non sa médiocrité qui vaut à ce garçon le surnom de «Rigolo». Avec Cornet, à peine âgé de 20 ans, le Tour dit adieu au «vieux» Garin (32 ans) qui a eu le mérite de le mettre sur orbite.

étapes, avec des escales à Nancy, Toulon, La Rochelle, Rennes, Caen, son Tour épouse mieux les contours de l'Hexagone. Notre fin stratège sort de derrière sa barbe les Vosges, la côte de Laffrey et le col Bayard. Des machines poinçonnées feront enfin du Tour un incontournable banc d'essai pour le matériel. Tout cela contribue à un accroissement de la régularité, donc du crédit, de l'épreuve.

Cette édition 1905 devra beaucoup à René Pottier qui, après un changement de machine, avec un engin multiplié à 4,50 m, grimpe à 20 km/h le mythique Ballon d'Alsace ! Ainsi qu'à Aucouturier, qui rallie

De ces trois moustachus, seul Aucouturier (au centre) ne gagna jamais le Tour. Malchanceux, il n'eut pas comme Pottier (à gauche) le bonheur de vaincre, tout en démythifiant la montagne, en 1906. Il n'eut pas davantage la chance d'un Trousselier (à droite) qui s'imposa en 1905. Deux succès Peugeot.

Grenoble à Gap en quatre heures, alors que l'ex-diligence avec dix chevaux dans les côtes en mettait douze! Enfin Louis Trousselier, joyeux fleuriste en permission, qui lorsqu'il n'enlève pas cinq étapes brise les porte-plumes pour empêcher ses suivants de signer aux contrôles, ne dépare pas non plus dans cette nouvelle vitrine.

Le Tour 1906 avec son kilométrage renforcé (4 637 km), ses nouvelles étapes (treize, dont Bayonne, Brest, Lille, Nice), ses escapades en Alsace occupée, en Espagne ou en Italie, va paradoxalement permettre l'épanouissement de René Pottier que l'on croyait tout juste bon à grimper dans les Vosges. Certes, il s'envole dans le Ballon et, à Dijon, s'assure 48 minutes d'avance sur le second, mais cette fois il ira au bout. «Sec comme une allumette et noir comme un chaudron», dit un témoin, le roi René s'élève encore au-dessus de ses sujets dans Laffrey et Bayard. Grâce à lui, Peugeot triomphe une seconde fois. Parti pour être un des athlètes les plus extraordinaires de l'Histoire, il mettra hélas fin à ses jours en 1907.

Le Tour continue de grimper…

«Plus grande épreuve de vulgarisation qu'un sport n'ait jamais pressentie», le Tour, transfiguré par les

Vosges, s'enrichit en 1907 du col des Echelles, de la Grande Chartreuse et du Sappey. Lucien Petit-Breton, omniprésent, s'impose sur sa Peugeot poinçonnée. Il récidive en 1908 où, pour la première fois, le Tour de France se découvre une sorte de fils spirituel dans le Tour de Belgique qui fait sa première révolution. Ça bouge tellement bien que les prouesses de Petit-Breton scandées par des crises qui sont autant de démarrages rageurs font monter de 140 000 à 250 000 exemplaires le tirage quotidien de *L'Auto*. Les silex, les ornières et la poussière ne gênent pas plus le Luxembourgeois François Faber que la neige, le froid, le vent ou la pluie qui sévissent sur le Tour 1909. Un enfer pour les isolés livrés à eux-mêmes, une partie de plaisir pour ce colosse de Colombes (1,89 m, 85 kg) qui domine la situation. Tellement bien que, de Roubaix à Nice, il réussit l'exploit de gagner consécutivement cinq étapes. Que sa chaîne se brise et à Lyon il court jusqu'à la ligne. Il se joue donc des kilomètres, des côtes et des côtelettes, comme il se jouerait des fameux ours pyrénéens du «cercle de la mort» s'il en rencontrait en 1910 lors du premier franchissement.

A l'assaut des Pyrénées... puis du Galibier

En 1910, le coude à coude entre Faber et Octave Lapize est tellement palpitant que les ventes quotidiennes du journal organisateur font un nouveau bond en avant. Pendant trente et un jours, elles frisent les 300 000 exemplaires. Avec une nette poussée correspondant à la dixième étape qui voit Lapize découvrir et terrasser, tantôt à pied tantôt à

C'est sur une bicyclette poinçonnée, c'est-à-dire sur une machine dont les pièces essentielles ne peuvent être changées durant l'épreuve, que Lucien Mazan, dit Petit-Breton (ci-dessus), gagne les Tours de France 1907 et 1908. A gauche, Faber sur une bicyclette Alcyon (et détail du frein unique sur le pneu avant).

Le Tour 1910 est épique. Riche des inévitables contrôles fixes, secrets ou volants, des ravitaillements avec bidon en fer blanc de crème de riz et côtelette froide, des cochers irrités ne retenant pas le fouet, des déshérités faisant la manche aux arrivées, des coliques des gêneurs, de discrets coups d'auto pour les protégés, de roues brisées dans les rails de trams et de routes blanches «arrachant» les yeux sans lunettes, il possède surtout Faber, Garrigou et Lapize. Trois as dont l'empoignade, émaillée de Pyrénées, de crevaisons, de chien dans les roues, de sabotage et d'un doigt d'alcool contre la dépression, feront grimper la moyenne à 29,095 km/h. C'est en 1932 seulement que Leducq fera mieux que Lapize. A gauche, c'est le ravitaillement à Pont-Audemer (en haut) et l'arrivée du peloton à Rouen (en bas). A droite, Garrigou monte le Tourmalet et le peloton défile à Cannes.

bicyclette, Peyresourde, Aspin et Tourmalet
(2122 m). Garrigou se console en remportant
la belle prime attribuée à celui qui le premier
gravira en machine le Tourmalet. Sur les talons
du régional Lafourcade, qui vient de franchir
l'Aubisque en tête, accusant la fatigue,
Lapize, le héros du jour, ne peut
s'empêcher de jeter à Breyer et
Steines : «Vous êtes tous des
assassins.» Épuisé, mais pas au
point de prendre la toute
nouvelle voiture-balai,
récupérant très vite, l'avisé
Lapize conserve assez de
ressources pour préserver ses
quatre points d'avance sur
Faber.

Victorieuse avec Faber et
Lapize, Alcyon, la firme bleu
ciel, réussit le triplé en 1911
grâce à Garrigou. Ce long Tour
(5344 km) rendu encore plus
difficile avec les ascensions du
Télégraphe et du Galibier, ce
Tour qui effraie tellement
qu'Abran n'a que quatre-vingt-
quatre champions à se mettre
sous le drapeau, ce Tour donc
voit Garrigou afficher
d'emblée à Dunkerque des
prétentions qu'il confirmera à
Paris, non sans avoir essuyé
bien des attaques. Enormes,
elles émanent de Faber. Plus
vives, elles sont le fait de Duboc
qu'un empoisonnement dans les
Pyrénées mettra hors circuit.
Aériennes, elles giclent des
reins d'Emile Georget,
historique vainqueur du
Galibier le 10 juillet qui
«sale, moustache pleine de
morve et des nourritures du

dernier contrôle, le maillot sali des pourritures du dernier ruisseau où il s'est vautré, jette, affreux mais auguste : "Ça vous en bouche un coin!"»

Très discret à Rouen, de manière à ne pas raviver la fureur aveugle des compatriotes de Duboc, Garrigou précise que, s'il a gagné, ce n'est pas à cause d'un moyeu anglais à changement de vitesse, mais grâce à deux pignons placés sur son moyeu arrière. Muni d'un nombre de dents très différent suivant le parcours, il tournait sa roue en moins de trente secondes. Une trouvaille dont ne peut profiter Lapize puisqu'il a changé de marque – on le lui reproche –,

De 1909 à 1912, avec François Faber, «le géant de Colombes», avec Octave Lapize, dit «le frisé» (à gauche), avec Gustave Garrigou, baptisé «l'homme-pendule» (ci-dessous), et avec le Belge Odile Defraye, la domination de l'équipe Alcyon, de couleur bleu ciel, fut absolue. Seul un Normand, Paul Duboc dit «la pomme», faillit la briser en 1911 : hélas il fut victime d'un empoisonnement… Cette mainmise cessa en 1913, quand Alphonse Baugé, manager d'Alcyon, passa chez Peugeot.

ni, semble-t-il, «l'ingénieur» Cornet. Il est accueilli comme un héros au Mans où on le congratule autant parce qu'il a terminé douzième que pour ses inventions (guidon à circulation d'eau), ou sa manière de se faire éclairer la nuit en zigzagant devant les voitures officielles.

Defraye, le premier des Belges

Réalisant qu'après tout la montagne ne tue pas, ils sont à nouveau cent trente et un à vouloir succéder à Garrigou en 1912. Bénéficiant d'une formidable coalition belge – sept parmi les dix premiers – qui décourage Lapize, de l'incapacité de Christophe, pourtant brillant sur les obstacles à créer de grosses différences,

LA TÊTE DU VAINQUEUR CHANGE! MAIS!! SA BICYCLETTE EST TOUJOURS UNE ALCYON

40 à 52. Rue de la Garenne. COURBEVOIE. Seine

le champion de Belgique Odile Defraye devient, après
le Luxembourgeois Faber, le deuxième étranger
à s'imposer.

    Chez Alcyon-Hutchinson on jubilera peu, car le
travail que Peugeot-Wolber a effectué auprès des
jeunes en organisant en 1910 et 1911 de grandes

D ans une équipe
non belge, mais
soutenu par ses
compatriotes, le Belge
Odile Defraye (ci-
dessus) enlève le Tour
1912. Une belle
manifestation de

courses à étapes réservées aux indépendants va porter ses fruits. Toujours par pédaleur belge interposé. Philippe Thys, lauréat du Circuit français Peugeot 1911 et vainqueur de courses à étapes comme Paris-Toulouse et Paris-Turin, va devenir le champion Peugeot des éditions 1913 et 1914 du Tour de France.

solidarité nationale qui montra les limites du classement par points, Christophe, deuxième, ayant failli réussir un meilleur temps que le vainqueur!

Deux derniers Tours avant la Grande Guerre

En 1913, marqué par le retour au classement au temps, plus évident pour tous, le Tour part pour la première fois dans le sens inverse des aiguilles d'une montre. Le danger viendra de Christophe, dont l'homérique réparation de fourche à Sainte-Marie-de-Campan n'altère pas le moral, et de Petit-Breton, qui ne renonce que sur bris de rotule dans l'avant-dernière étape, alors qu'il est second. Malgré une ultime chute, Thys enlève cette édition devant Garrigou.

Quand le Tour n'a pas lieu, c'est qu'il y a péril en la demeure. En 1914, il fut ainsi miraculeusement disputé, car parti le 28 juin à 3 heures du matin, le jour même de Sarajevo, il se terminait à peine que, le 28 juillet, l'Autriche-Hongrie déclarait la guerre à la Serbie. Le 2 août, la France devait s'engager à son tour dans un conflit dont ne reviendraient hélas ni François Faber, ni Petit-Breton, ni Octave Lapize.

Pendant ce sursis de juillet 1914, les géants de la route enchanteront le public une fois encore. Au Havre, Thys ouvre la voie qu'il fermera d'ailleurs aussi triomphalement. Dans son sillage, on relève des Australiens et des Italiens. Une véritable armada qui n'empêchera pas les Peugeot de rafler douze des quinze étapes. Lapize, Garrigou et Faber s'offrent un secteur chacun, cependant que le jeune Henri Pelissier – sorti, comme Thys, de la couveuse Peugeot –, malheureux dans les Pyrénées, impérial à Allos et dans les Vosges, voit son retour foudroyant sur Thys contrarié *in extremis* par des spectateurs trop envahissants. Le gain de la dernière étape sera une mince consolation pour Henri… jaune, comme plaisantent finement les gazettes.

Dès le Tour 1903, Desvages, employé de nouveauté, utilise une roue libre BSA. Emile Georget l'impose en 1907, lorsqu'il largue Faber dans la descente sur Grenoble. Le Luxembourgeois retient la leçon et fait de même avec Petit-Breton en 1908. Fort de cette expérience, Petit-Breton n'hésite pas quand Sturmey-Archer-Comiot lui propose de tester un moyeu trois vitesses sur le Tour 1913. Quant à Eugène Christophe (à gauche), qui brise sa fourche dans la descente du Tourmalet, alors qu'il est virtuel leader, s'il perd le Tour, en le ressoudant dans une forge de Sainte-Marie-de-Campan, il entre plus sûrement dans la légende qu'un vainqueur au rabais.

La raison de l'irritante réussite belge, Philippe Thys (ci-contre) la donne volontiers : «Avant d'être pro, l'existence du coureur belge était fruste et simple, elle va le rester. Prenant à cœur son nouveau métier, il lui consacre tout son temps». Simple et efficace, cette méthode lui réussit en 1913 et 1914. Mais décortiquons sa tenue avec G. Rozet : «Elle se réduit au minimum : un chandail brodé au nom de Peugeot, orné brutalement d'un numéro sur calicot; une très courte culotte laissant le genou libre; un soupçon de chaussettes; des souliers bas et souples. Sur la poitrine, une poche de sarigue contient les instruments de réparation. Enroulés en huit autour des épaules, deux tubes ou boyaux de rechange.»

Le Rire

N° 1044. — 28 Juillet 1939.   *JOURNAL SATIRIQUE PARAISSANT LE VENDREDI*   2 franc

LE TOUR D'HONNEUR DU MAILLOT JAUNE

De 1919 à 1939, de plus de 5000 à moins de 5000 km, partant tantôt dans le sens des aiguilles d'une montre, tantôt dans le sens contraire, avec des équipes de marques, nationales et régionales, des as et des touristes, le Tour deviendra, caravane publicitaire en tête, grâce aux exploits des géants de la route que ne rebutent ni la poussière de la Crau ni les pavés humides du Nord, la plus belle course du monde.

CHAPITRE III
LA PLUS BELLE
DES COURSES

Le Tour est parsemé de difficultés : soleil, vent, montagne ou chutes… La défaillance, symbolisée ici par «L'Homme au marteau» de l'illustrateur Pellos, est une des pierres angulaires de la légende de l'épreuve.

En ce 29 juin 1919, Henri Desgrange n'est pas peu fier de relancer d'un «partez» vigoureux les soixante-neuf champions qui vont arpenter les 5 560 km du Tour de la reprise. Un Tour qui ressemblerait comme un frère à celui de 1914, si les partants n'étaient pas deux fois moins nombreux, si la moyenne ne chutait pas de 28 à 25 km/h, s'il n'y avait pénurie de matériel et étape à Strasbourg, capitale de l'Alsace libérée. C'est un Tour de transition dans lequel on n'est pas mécontent de retrouver des visages connus. Celui d'Henri Pélissier et celui de Christophe qui, le samedi 19 juillet, dans la onzième étape – Grenoble-Genève, 325 km – aura l'insigne honneur d'être le premier porteur du maillot jaune. Un symbole, de la couleur du journal organisateur, créé par Desgrange et destiné à faciliter la reconnaissance du premier par le public.

Déjà immense, la notoriété de Christophe (ci-dessous) s'accrut avec le port du premier maillot jaune et un nouveau bris de fourche.

Les malheurs de Christophe

La «sorcière aux dents vertes», autrement dit la malchance dans le jargon du Tour, a reconnu en Eugène Christophe sa victime favorite. C'est sur les affreux pavés du Nord qu'elle lui réserve un mauvais sort. Dans l'avant-dernière étape, la quatorzième, l'effarante Metz-Dunkerque (468 km), alors que Christophe s'apprête à répliquer à une attaque du Belge Lambot, sa fourche casse. Soixante-dix minutes passées à la forge sont, si près du but, irrattrapables.

Au Parc des Princes, Christophe est le dernier des onze rescapés de cette édition qui s'avérera une des plus épouvantables de l'Histoire. Un formidable élan de générosité des lecteurs de *L'Auto*, bouleversés par tant de malchance, permettra à Christophe, troisième au classement final, de gagner une somme supérieure à celle de Lambot. Mais elle ne lui fera jamais oublier l'«apothéose de la victoire» dont il a été privé. Toujours méticuleux, améliorant ses développements d'une année sur l'autre, observant son alimentation à base de chocolat, tartelettes au riz, bananes et sandwichs au jambon, Christophe est encore là dans la grande boucle 1920. Un sérieux mal aux reins le contraindra à l'abandon. La route est donc libre pour les valeureux Belges, qui s'offrent douze étapes sur quinze et placent huit des leurs dans les dix premiers. C'est Philippe

Firmin Lambot (ci-dessus) triomphe à nouveau en 1922, à trente-six ans. Un record. Ici, en tournant sa roue, il change de vitesse.

Thys, silhouette connue, qui a le plaisir de faire retentir *La Brabançonne*, l'hymne national belge, au Parc. Ce troisième succès, le premier triplé de l'Histoire, il ne l'obtient pas pour le compte de Peugeot, mais pour celui du consortium «La Sportive», qui regroupera presque l'ensemble des constructeurs sept ans durant, le temps que les maisons de cycles et d'accessoires, éprouvées par la guerre, retrouvent leur régime de croisière.

On a beau partir de la Concorde en 1921, les Belges sont toujours intraitables. Derrière leurs grosses lunettes en mica qui ressemblent à des yeux de

grenouille, ils tombent les kilomètres avec un plaisir qui rendrait presque superflue la journée de repos entre chaque étape. C'est Léon Scieur, natif de Florennes comme Lambot, qui, à trente-deux ans, enlève le pompon.

Il arriva à Léon Scieur (à gauche) de crever huit fois en une seule étape. Il répare alors en 1 mn 30 puis recoud lui-même les boyaux réglementaires. Moins fantaisiste que Mottiat qui se refait une santé «en becquetant de l'aile» la voiture de Desgrange (ci-dessous). A droite, Alavoine grimpe dans l'Aubisque, quand d'autres doivent mettre pied à terre!

Le départ du Tour 1922 connaît un extraordinaire succès populaire à Luna Park – porte Maillot, à Paris – et, comme au Havre Lambot est relégué à 48 minutes, on a de bonnes raisons de penser que l'on va échapper à l'inévitable raz de marée belge. Christophe, maillot jaune aux Sables-d'Olonne, à trente-huit ans, nous conforte dans cette impression. Mais le combat va changer d'âme dans la dixième étape, Nice-Briançon. Avec, pour la première fois, les cols de Vars (2 215 m) et de l'Izoard (2 409 m), ce secteur présente un

dénivelé de 5 347 mètres sur lequel Thys se balade, cependant que ses compatriotes Lambot et Heusghem se rapprochent dangereusement d'Alavoine, victime de défaillance. Heusghem est même en train de s'imposer quand une pénalité d'une heure l'oblige à céder définitivement le maillot jaune à Lambot.

L'honneur des Pélissier

En 1923, Francis et Henri Pélissier, absents les deux années précédentes, partent bien. Et, pour une fois, ils vont même au bout. Victorieusement. Henri effectue en effet dans Allos et l'Izoard un festival qu'il réitère dans le Galibier et les Arravis. Il a mieux dosé son effort que Robert Jacquinot, époustouflant dans l'Aubisque et le Tourmalet, avant de s'effondrer à un kilomètre du sommet de Peyresourde. Dans le fossé, un réflexe de chevalerie l'assaille. Voyant surgir le fringant Alavoine, il le gratifie d'un sublime «Je te salue, gars Jean».

   Depuis 1911 et Garrigou, pas un Français n'avait triomphé. Cette victoire d'Henri Pélissier, sans lendemain pour nos couleurs, ne le sera pas pour le constructeur d'Henri, «Automoto».

Le gars Jean Alavoine (ci-dessous) est un homme du Tour. Vous savez à quelle étape vous êtes à ses yeux enfoncés, à son nez plus proéminent. Spirituel et volontaire, il vous indiquera sur une carte, sans se tromper, les points où il faut changer de multiplication.

UN FRANÇAIS **GAGNE** LE **TOUR DE FRANCE 1923**

5600 Kilomètres

1er H. PÉLISSIER   2ème BOTTECCHIA

SUR **BICYCLETTE**

AUTOMOTO
PNEUS HUTCHINSON

CYCLES **AUTOMOTO** _ 152, Avenue Malakoff. PARIS

PUBLICITÉ WALL. PARIS

❝ C'est Henri Pélissier qui en fut le vainqueur [en 1923] assez inattendu. Songez qu'à Nice, nous le croyions tous hors de course. Il n'avait pas loin d'une heure de retard, nous pensions que c'en était fini de lui. Aussi n'attachâmes-nous pas beaucoup d'importance à sa première fugue. Il s'était détaché, avait même pris un quart d'heure d'avance à ses adversaires, puis avait été rejoint. Tout rentrait dans l'ordre et nous n'aurions plus de fausses espérances.

En effet, c'est au guidon d'une machine violine de la même marque que le maçon Ottavio Bottecchia enlèvera le maillot jaune 1924. Un maillot tenant si bien à la peau qu'il sera le premier champion à le porter de bout en bout. Comme il sera le premier Italien à gagner, le premier à gravir l'Aubisque aussi vite (37 min 40 s), ce millésime 1924 deviendra celui des premières. Ce succès aura d'autant plus de retentissement que le reporter Albert Londres, témoin du renvoi à Coutances des frères Pélissier, sanctionnés pour abandon de matériel

Quand, tout à coup, renouvelant son effort, Henri s'enfuit de nouveau, prit une, deux, dix minutes, refit son retard et sortit des Alpes en vainqueur du Tour. ❞

H. Desgrange
Match, 1931

Ci-dessus Bottecchia, vainqueur des Tours 1924 et 1925.

(ils avaient retiré un de leurs maillots), baptisera les
acteurs de l'épreuve les «forçats de la route».

Bottecchia récidivera en 1925. Sa tâche sera
facilitée par les abandons de Thys et de Pélissier.
Preuve que le Tour peut aussi sourire aux vétérans,
le champion Christophe, à quarante ans, termine
encore dix-huitième.

Les «forçats de la route» : cette expression se trouve dans *L'Auto*, dès 1913; les vélocipédistes de 1869 étaient déjà assimilés à des galériens. Mise sous la plume d'Albert Londres, expert ès Cayenne, elle prend un relief tel que Desgrange en est courroucé. Il est patent que l'envoyé spécial du *Petit Parisien*, néophyte en cyclisme, s'est fait piéger par les Pélissier. Bref, oubliant les vertus qui en 1923 lui faisaient comparer Henri Pélissier au musicien Debussy et au peintre Manet, le père du Tour ne peut s'empêcher de préciser que ces prétendus forçats sont de simples millionnaires révoltés souffrant d'ophtalmie et d'une mauvaise préparation physique qui les a faits se sentir battus...

1926, le Tour de souffrance

Si un Tour mérite la qualification de «Tour de souffrance», c'est bien le vingtième, celui de 1926, le

❝ Avec le départ en ligne à toutes les étapes, des vitesses vraiment pitoyables étaient enregistrées. Avec les départs séparés, l'allure augmenta considérablement. Pourquoi? Parce que les routiers étaient répartis en plusieurs groupes et partaient à un quart d'heure les uns des autres : ils luttaient donc non seulement entre eux, mais contre la montre, adversaire redoutable qui ignore le repos. De bout en bout, les coureurs donnaient leur maximum, ignorant leur position. Pour les montagnes seulement, tous partaient ensemble. Ce règlement était nettement sportif. Mais j'avoue que pour se reconnaître dans cette avalanche de chiffres, il fallait être mathématicien. ❞

Jacques Mortane

Ci-contre, des enfants acclament Pélissier et son équipe en 1927.

plus long de l'histoire avec 5 745 km. Parti d'Evian,
une première provinciale, il sera marqué par la
diluvienne étape Bayonne-Luchon. Lucien Buysse,
le Belge qui redoute moins la soif que la facilité
du dérailleur, enlève ce calvaire avec
25 minutes d'avance sur le second. A
minuit, on ne recense que quarante-sept
des soixante-seize partants. Une bonne dizaine
de «forçats» emprunteront le car pour en finir avec
cet enfer. Plus tard, Lucien, baptisera son hôtel

«L'Aubisque», en souvenir de ce Tour victorieux.

Le Tour 1927 sera privé de Bottecchia, mort mystérieusement quinze jours avant le départ. Il n'y a plus que cinq jours de repos et, pour animer les étapes de plat, des contre-la-montre par équipes, que le regretté transalpin n'aurait pas mieux appréciés que Nicolas Frantz, le Luxembourgeois de chez Alcyon. Au moment où les Mousquetaires du tennis s'emparent aux Etats-Unis de la Coupe Davis, il est réconfortant de noter l'éclosion, derrière le large

Lauréat des Tours 1927 et 1928, Frantz (ci-dessus) grimpe en mangeant. Il tire de sa musette des aliments divers : poulet, bananes, tartelettes, biscuits et tartines. Il dévore tout pour tenter de récupérer chaque parcelle d'énergie qu'il jette dans la bataille.

guidon de Frantz, des premiers mousquetaires du cyclisme. En attendant d'être suivis par Speicher et Charles Pélissier, André Leducq et Antonin Magne décrochent leurs quatre étapes dans un bel éclat de rire.

En 1929, pour la première fois, la TSF parle du Tour dans 2 millions de postes.

Neuf équipes régionales, des Australiens et la suppression d'Aspin, Peyresourde, Vars et Izoard n'empêchent pas Frantz de jeter encore en l'air en 1928 son béret en signe d'allégresse. Porté à Bordeaux par Leducq, Fontan et Frantz, une étonnante première, le maillot jaune fourni en 1929 par «Fashionable» récompensera Maurice Dewaele. C'est un parfait représentant de la solide école belge. Malade et au seuil de l'abandon dans les Alpes, à force de courage, puis de talent et la magie du maillot

jaune aidant, il finit par
vaincre et convaincre.

Le temps des équipes nationales

En 1930, Desgrange, qui n'a
de cesse d'améliorer la
formule de son épreuve, irrité
par le jeu des constructeurs
soucieux du seul succès de
leurs coureurs, va procéder à
une véritable révolution de
palais. Il se donne les moyens
de son ambitieuse politique
en créant des équipes
nationales, en les équipant de ses propres machines
jaunes, en assurant toutes les dépenses – en partie
grâce au lancement de la caravane publicitaire et à
des prix en nature. *L'Action Française*, séduite par
cette nouvelle dimension nationale du Tour, sort
même une édition spéciale pour présenter Fontan et

Elle annonce la victoire
de Dewaele, malade
mais ménagé par
Demuysere qui le
félicite (à gauche).

Ce sont les années folles. Les bistrots offrent les classements au tableau noir. On écoute, à la TSF, une des quatre-vingt-dix interventions de Jean Antoine du journal *Match l'Intran.* Sur les routes, on récolte les réclames distribuées dans les premières caravanes publicitaires. Il y a du Banania, du Byrrh, des Graf, du Ripolin et des Krema. On fredonne la chanson du Tour éditée par Paul Beuscher. On rêve des casquettes qui vont si bien à Charles Pélissier et à Dédé Leducq. Car tout tourne autour d'eux et des équipes nationales. Une trouvaille de Desgrange donnant un vrai deuxième souffle à la course. Quant au *Petit Journal illustré* (ci-contre), ses images permettent d'avoir de l'audace à bon marché. On se voit demander un autographe à Magne comme cette audacieuse, plonger au cœur de la mêlée d'un ravitaillement et enjamber avec Leducq et Bonduel, Archambaud et Pesenti la barrière qui nous assurera la minute décisive.

Binda, les capitaines des équipes française et italienne. Avec les braquets supérieurs que lui autorisent des pattes arrière plus longues, Leducq prend un avantage décisif dans la descente du Tourmalet. Mais cette supériorité est compromise par une chute sur les flancs du Galibier. Il est désespéré quand Charles Pélissier, rameutant les énergies tricolores, organise jusqu'à Evian une magistrale chasse de 75 km. Une poursuite que Leducq met un point d'honneur à conclure victorieusement. Les reporters Antoine et Virot, qui officient au micro d'une TSF encore balbutiante, donnent un retentissement considérable au succès de celui qu'on appelle «Dédé gueule d'amour sur muscles d'acier».

Charles Pélissier, qui a enlevé huit étapes et terminé sept fois second, sera un des hommes forts de l'équipe de France 1931. Après un magnifique et sévère «mano a mano» avec l'Italien Raphaël Di Paco, il cède le paletot à Antonin Magne qui le conservera jusqu'à Paris.

La passe de trois victoires tricolores, il appartient à Leducq de l'assurer dans le Tour 1932. Il s'accommode si bien d'une situation prévue pour Pélissier qu'il récolte six étapes, dont celle du Galibier, disputée sous la neige, et s'impose.

En 1933, la course reprend dans le sens des aiguilles d'une montre

Le Tour retrouve, en 1933, le Ballon d'Alsace, Peyresourde et Vars. Speicher, qui possède le secret des descendeurs – c'est-à-dire un frein arrière

Le Tour 1933, c'est, pour le caricaturiste Ben, un nouveau récital de la mirifique équipe de France, Dédé Leducq (à gauche) et Charlot Pélissier se disputant le cœur des foules». Si Dédé a déjà deux Tours dans sa musette, Pélissier III, baptisé aussi «Le Grand» (1,86 m), joue les équipiers dévoués. Après avoir aidé Dédé et Magne, il donne un coup de main à Georges Speicher (en bas à droite). Georges, qui ne capitalisera jamais seize étapes ni la popularité de Charlot, inscrit son nom au palmarès de cette vingt-septième édition. Il a le profil du vainqueur type du Tour : il récupère vite, mange bien, digère avec régularité et ne «travaille» pas trop du moral.

travaillant à l'arrachement comme le frein avant – se désintéresse des histoires de roues pleines et de rayons aplatis déjà maîtrisés par quelques astucieux, pour endosser à Marseille un maillot jaune qu'il préservera. La Coupe Davis perdue, Speicher va miraculeusement rallier tous les suffrages. Au point qu'il permet au journal organisateur – *L'Auto* – de réaliser son tirage record le 24 juillet avec 845 045 exemplaires.

Comment se présente donc le Tour 1934? Les

❝ Leducq est un pur enfant de la France. Il a l'esprit clair de notre race. Il est primesautier et très sain. Il est de France et de bonne France puisque de l'Ile-de-France. [...] Il vous criera que la vie est bonne dans la rude victoire et qu'elle fut même bonne dans les magnifiques efforts et dans les moments d'angoisse...❞

H. Desgrange

LA VIVANTE IMAGE DU DÉSESPOIR : Vietto, qui s'est généreusement sacrifié à son chef d'équipe, pleure à chaudes larmes ses Pourquoi ce camion est-il si long à passer ? Vietto, dans son impa

constructeurs, empêchés depuis 1930 de tirer la moindre publicité des victoires de leurs poulains, envisagent un second Tour, ouvert à tous et se disputant avant celui de *L'Auto*. Pour le journal *Je sais tout*, Marcel Hervieu propose une autre idée : un Tour de 3 500 km en une seule étape! Ces velléités incitent tout de même Desgrange à innover encore. Il décide de prendre enfin en charge les dépenses des vingt individuels (hors équipe), crée un prix du meilleur grimpeur, assorti de bonifications et portant sur quatorze sommets, et une étape contre la montre

individuelle de 80 km. Malgré les défections d'Archambaud et de Pélissier, la cinquième tornade tricolore consécutive submerge le peloton : dix-neuf victoires sur vingt-trois étapes. Magne triomphe une seconde fois, en partie grâce à un ex-groom d'hôtel qui lui offre roue puis machine. Le public a le coup de foudre pour ce phénomène nommé René Vietto, un Méridional de vingt ans qui escalade comme il respire et remporte le titre de meilleur grimpeur.

Le Tour n'a jamais déclenché pareil enthousiasme qu'en 1935. Quand on ne se précipite pas rue du

« Avec le maillot jaune, on vaut le double de sa valeur », admet Antonin Magne, l'Auvergnat de Livry-Gargan. Il s'impose aussi dans le premier contre-la-montre du Tour en 1934, mais son succès doit beaucoup à l'abnégation de Vietto (à gauche).

La généralisation des congés provoque un regain de popularité de la bicyclette et du tandem : le jumelage des cœurs, des jambes et parfois même de la tenue, donne l'égalité devant le kilomètre.

Faubourg-Montmartre pour voir les classements, on se rue dans les bistrots pour jauger les écarts. A Saint-Méen-le-Grand, c'est un apprenti boulanger du nom de Louis Bobet qui joue avec des billes nommées Speicher, Vietto ou Leducq. Le peintre Moïse Kisling et le dramaturge Fernand Crommelynck rêvent quant à eux de courir et de gagner le Tour comme parvient à le faire, à la surprise générale, Romain Maes. Ce jeune Belge de vingt-deux ans surprend tous les spécialistes en s'assurant, grâce au passage à niveau d'Haubourdin, une marge de 2 minutes qu'il confortera, préservant ainsi de bout en bout le précieux maillot jaune. Le 11 juillet, un petit grimpeur espagnol chute et se disloque dans la descente du Galibier : le crâne fracturé, Francesco Cepeda décédera le 14. Il est le premier du Tour à mourir ainsi en course.

Les bords de la Loire près de Saint-Étienne.   CASTELLAN.P

Jacques Goddet et Sylvère Maes aux commandes

Desgrange, mal rétabli d'une opération, doit renoncer à assurer la direction du Tour 1936. Jacques Goddet, son fils spirituel, prend le relais avec compétence, autorité et talent, car sa plume est pleine de saveur. Le temps est mauvais et Archambaud s'épuise en vain après un maillot jaune qui sourit au Belge Sylvère Maes (aucun lien de parenté avec Romain). Avec une moyenne de 31,072 km/h, Sylvère établit un nouveau record.

La semaine de quarante heures et les congés payés, qui voient alors, comme s'en félicite Paul Reynaud, le tandem et le canoë connaître une véritable fureur, donnent un coup de fouet à notre parc cycliste,

Les prouesses des grimpeurs sont récompensées par la création en 1933 d'un prix de la montagne. L'Espagnol Trueba en est le premier lauréat, Vietto le second.

A.M.CASSANDRE 11

qui, de 7 062 833 machines en 1935, passe à 8 788 000 en 1938, et une motivation supplémentaire à nos champions. Ceux-ci peuvent enfin «tarabiscoter» officiellement le dérailleur. On oublie le vieux principe de 1911 qui laissait aux femmes et aux vieillards l'usage du changement de vitesse, les champions devant franchir les obstacles sans recourir à d'indignes subterfuges. En 1937, les Belges, soupçonnant les officiels et les spectateurs de faciliter la victoire du Bordelais Roger Lapébie, font défection à Bordeaux, où l'un des leurs, Sylvère Maes, est pourtant en tête. Comme Gino Bartali, la révélation italienne, a abandonné après une chute dans les Alpes, la voie est libre pour Lapébie.

Une première pour Gino Bartali

Le Tour 1938, dont l'itinéraire est reconnu dès février par le commissaire général Machurey au volant de son Hotchkiss, part pour l'Ouest sans les individuels, avec des bonifications minorées et l'Iseran en plus. Il sera le théâtre de la chute de Speicher, l'ancien vainqueur mis exemplairement hors course pour avoir grimpé les Pyrénées accroché à la portière d'une voiture, et de la consécration du jeune Italien Gino Bartali. L'archevêque de Reims lui aurait même remis une photo ainsi dédicacée : «Au champion de la foi catholique et de la pédale».

«**B**uvez du Dubonnet et vous gagnerez le Tour», proclamait l'affiche de Cassandre (à gauche). Mais c'est à jeun et parce qu'il «chatouille» les pédales que Roger Lapébie (ci-dessous) s'adjuge, en 1937, le maillot jaune après l'abandon précipité du Belge Sylvère Maes, le leader, et de son équipe.

Officialisé en 1937, le dérailleur, en améliorant le confort du coureur, fera bondir les moyennes horaires. Il est si fort avec son «quinze dents», si pur, que tout dans ce Tour 1938 s'abaisse devant Bartali (ci-contre). A commencer par les montagnes. Supérieur, Gino ne prête pas son nom à un dentifrice. Il ne traîne pas aux terrasses pour se faire reconnaître. Simplement, il va voir, sans photographe, un cardinal et celui-ci l'embrasse… Les farouches Nordistes accourus sur la route pour siffler l'Italien finissent par l'applaudir.

1939, le Tour de Robert Capa

Les regards du photographe Robert Capa et de l'écrivain Henri Troyat sur le Tour 1939 se complètent à merveille. Henri, qui avoue aimer le Tour, devait ressembler à ces enfants de Pleyben (ci-contre), vus par Capa. Quant à Robert, pudeur de photographe oblige, il est de ceux qui aiment le Tour sans l'avouer.

" Il me plaît qu'à l'approche des vacances un pur sujet d'enthousiasme soit offert aux esprits fatigués par le tam-tam funèbre des événements politiques. Les premières pages des journaux se disloquent et accueillent en leurs titres gras, prometteurs d'invasions, de mobilisations et de massacres, l'annonce pacifique du Tour de France. [...] Le Tour de France, c'est une sorte d'armistice au cœur même de la menace. [...] A ce voyage dans le temps, le Tour allie l'enchantement d'un voyage dans l'espace. Grâce à tous ceux-là qui pédalent sur les routes, les travailleurs, les malades, les paresseux s'offrent le luxe d'une randonnée circulaire à travers la France. "

Henri Troyat,
16 juillet 1939

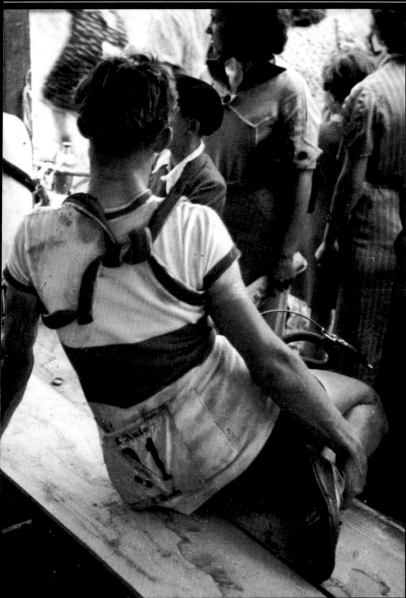

   C'est encore Sylvère Maes qui fait
flotter les couleurs belges dans l'édition 1939, dont
les Allemands, les Espagnols et les Italiens, à cause
de la tension internationale grandissante, sont absents.
Vietto, qui mériterait cent fois de gagner le Tour,
s'inclinera encore. Il a beau porter le maillot onze
journées, bichonner tous les soirs machine et
chaussures, partager sa pêche avec Maes avant que
celui-ci ne le dépose dans l'Izoard, il terminera second.
Sylvère gravit l'Iseran contre la montre à 16,368 km/h
de moyenne. Le 14 avril 1940, Desgrange, inlassable,
envisage de disputer le trente-troisième Tour sur un
itinéraire réduit. Il est convaincu qu'il y a très peu
d'espoir, mais il le conserve jusqu'au 16 août, date
de sa mort à Beauvallon.

L e Belge Sylvère
   Maes (ci-contre),
lauréat 1936, s'impose
dans le Tour 1939.
Sans être un pur-sang
comme Vietto (à
gauche), il bat moins la
breloque que lui. Avec
31,9 km/h, il établit
une nouvelle moyenne
record, tout en
s'élevant, souligne-t-il,
«d'un ou deux échelons
dans la société». Ci-
dessus, Desgrange à la
fin de sa vie : «Un
vouloir d'acier pur,
farouchement trempé,
tendu vers l'action. [...]
Né sportif, c'est en
sportif que s'est éteint
H. D.» (R. Coolus,
L'Auto, 18 août 1940).

PREMIÈRE LIAISON POSTALE
PARIS A PARIS PAR LE
TOUR DE FRANCE CYCLISTE 1948

L'inlassable ardeur d'Henri Desgrange, c'est dorénavant Jacques Goddet qui la déploiera. Lui et ses fidèles collaborateurs ne reculeront pas devant les innovations (Alpe-d'Huez, Puy-de-Dôme, Ventoux, Banque du Tour, film d'arrivée). Calée entre deux coups de théâtre de dernière minute, celui de Robic en 1947 et celui de Janssen en 1968, cette période fut marquée par les fabuleux reportages radiophoniques de Georges Briquet.

CHAPITRE IV
LA RENAISSANCE DU TOUR

Le Galibier, c'est Georget et l'Izoard, ça va être Bobet. Cette nouvelle géographie créée par les champions, l'éditeur J. Foret la matérialise et l'embellit, en 1948, par le biais de la philatélie, puis de la cartophilie.

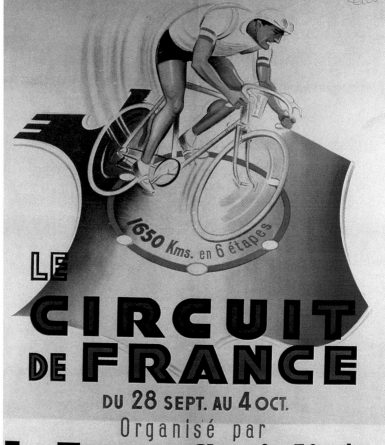

On a beau être interrompu sept ans par la Seconde Guerre mondiale, quand on s'appelle le Tour de France, quand on a captivé des millions d'individus, on ne disparaît pas complètement. On laisse des traces. Tristes ou amusantes, sportives ou non. Ainsi, on dit qu'Antonin Magne perd ses maillots jaunes pendant l'exode. Quant à Leducq, c'est Pierre Chany

L es drôles de guerre engendrent forcément de drôles de Tours. Des ersatz pour tout dire!

qui nous dit joliment qu'arrêté par les Allemands, il s'apprête à passer un mauvais moment quand l'officier chargé de l'interrogatoire s'écrie : « Eh ! Je fus reconnais... Leducq... Dour de Vrange.» Et d'ajouter après un silence : «Gut... Z'est bon. Fus êtes libre.» Une histoire que Leducq raconte plus tard à Poulidor, non sans nuancer : «Tu vois, Raymond, ça peut toujours servir d'avoir gagné le Tour.»

Il y a certes pénurie de matériel, mais Limoges-Vichy-Limoges, les quatre jours de la route, le Criterium du Midi et du mont Ventoux n'en sont pas moins organisés en attendant, fin septembre 1942, le circuit de la «France socialiste». Avec 1 650 km, six étapes, de Paris à Paris via Le Mans, Poitiers, Limoges, Saint-Etienne ou Dijon, et la victoire du Wallon François Neuville à 36,237 km/h de moyenne, il aurait d'ailleurs presque un petit air de Tour de France s'il n'y avait désorganisation totale à certaines étapes, et réception des organisateurs par le président Laval. Piquée au vif, *L'Auto* ne pouvait pas ne pas réagir. Handicapée par l'interdiction des courses à étapes, elle met alors sur pied un Grand Prix du Tour de France, dont le classement d'ensemble portant sur neuf épreuves du calendrier classique (de Paris-Roubaix au Grand Prix de l'Industrie du cycle) permet à Jo Goutorbe, le vainqueur, d'endosser l'indestructible maillot jaune. Mais en 1944, cette épreuve de substitution est interrompue par les événements et *L'Auto* cesse de paraître.

Pendant que les détenus de la prison de Poissy confectionnent des cadres de bicyclette, les forçats de la route retrouvent enfin la haute montagne grâce à la «Ronde de France». La Fédération française de cyclisme interdisant les épreuves de plus de cinq jours, *Sport*, *Le Soir* et *Miroir Sprint* se contentent donc en 1946 d'aller de Bordeaux à Grenoble. Le petit Robic de chez «Génial-Lucifer», passé en tête de l'Aubisque, abandonne sur blessure et

C'est parce qu'on le brime, qu'on l'écarte de l'équipe nationale, qu'on ne réalise pas qu'il a été épatant dans la Ronde de France, que le Breton Jean Robic (ci-dessous), ardent, solitaire, dur au mal et revanchard, enlève le Tour 1947. Ce n'est une surprise que pour ceux qui considèrent «cet irrésistible rouleur, grimpeur, sprinter» comme une «petite vieille à lunettes et à mouchoir». Et ils sont nombreux.

l'Italien Giulio Bresci s'impose aisément. Dix jours plus tard, dans Monaco-Paris, la course au Tour de France du tout nouveau journal *L'Equipe*, héritier de *L'Auto*, Robic sera cette fois victime de l'équipe de France imposant Apo Lazarides.

La reprise du Tour en 1947

L'obsession dévorante de Vietto, le maillot jaune du Tour 1947, récompense Robic qui ne l'a pas porté un seul jour en course. Motivé, il annonce sa revanche. Il la prendra, éclatante, dans le Tour de France 1947, celui de la renaissance, donnant ainsi tort à l'expert Francis Pélissier, qui prévoyait un effondrement tricolore et un match italo-belge. D'emblée, les faits s'ingénient à contrecarrer les prévisions du «Grand Francis». D'une part, Sylvère Maes, qui, après un bon Giro (tour d'Italie), peut prétendre à une triple victoire, doit renoncer à cause d'une furonculose. D'autre part, c'est René Vietto lui-même qui, au terme d'une échappée de 130 km, s'impose à Bruxelles, où il s'empare du maillot. L'Italien Ronconi l'en dépossède à Grenoble mais René le reprend à Digne. Pendant ce temps, Robic, tout jeune marié, avec son maillot blanc de l'équipe de l'Ouest, bardé de pneus de rechange, ses grosses lunettes et son casque de saucisse, sent monter en lui une confiance irrésistible. D'ailleurs, sans crevaison dans le Galibier, il serait déjà en tête. Il ne s'en formalise pas, convaincu qu'il est plus sage pour lui d'enfiler le maillot le plus tard possible. Et petit à petit, il comble son handicap. Il survole l'étape des quatre cols pyrénéens, ne connaissant pas comme la majorité des problèmes de ravitaillement, car son équipe est la mieux alimentée.

Tous les jours, les Bretons se partagent 2 kg de beurre, trois paniers d'œufs et dix douzaines d'huîtres. Ajoutez à cela la devise «kenbeo-kenmaro» – à la vie, à la mort – gravée sur sa chevalière, le Saint Christophe de sa plaque de cadre, et l'on comprendra dans quelles dispositions peut se trouver notre homme

Les problèmes de ravitaillement se posaient toujours en 1947. Cette facture montre que pour alimenter les coureurs l'organisation procédait au coup par coup.

Les Bretons Robic (ci-dessus) et Bobet (ci-contre) n'ont rien en commun. Bobet réussit dans les Alpes, Robic s'affirme dans les Pyrénées, et pour compenser son faible poids, «Nain jaune» utilise des bidons lestés de plomb. En bas, constate l'écrivain Jacques Perret, «recueillis par des mains pieuses, ils iront rejoindre sur l'étagère d'honneur le missel de communion et la douille d'obus ciselée».

à Vannes, où souffle l'air du pays. A Vannes, d'où l'on va rallier contre la montre Saint-Brieuc, distant de 139 km. La famille et soixante-douze lettres d'encouragement permettent à Robic de poursuivre son rapproché. Dans le même temps, Vietto craque. Soit contrarié par l'absorption d'une bouteille de cidre glacé, soit parce que l'obsession du maillot finit par être trop forte. René ira finalement jusqu'à Paris, où, malgré sa nouvelle déception, il se réjouira du triomphe d'un Français. Dans l'ultime étape Caen-Paris, Fachleitner et Robic conjuguent si bien leurs efforts dans la côte de Bonsecours, à 140 km du Parc, qu'ils décramponnent l'Italien Brambilla.

L'indomptable Robic, mieux placé que son associé de l'instant, gagne : pour la première fois, le coureur portant le maillot jaune à Paris n'est pas le vainqueur du Tour. C'est aussi la première victoire d'un régional !

Entre Bartali (à gauche) en 1948 et Robic en 1947 : deux différences, un point commun. Gino n'attend pas le dernier jour pour porter le maillot jaune, il n'appartient pas non plus à une équipe régionale mais à une prestigieuse nationale. Par contre, il est pieux lui aussi. Et s'il n'offre pas son maillot à Sainte Anne d'Auray comme Robic, il applique religieusement le sermon fait à Lourdes par Mgr Theas en «visant plus haut» et en «s'élevant», tellement bien qu'il triomphe à Toulouse.

Dix ans après son premier succès, l'Italien Gino Bartali est encore le meilleur

En 1948, à la tête d'une équipe italienne très homogène, et malgré un Louison Bobet déjà époustouflant de courage, Gino Bartali remporte son deuxième Tour, dix ans après le premier. Il a trente-quatre ans, mais il prouve dans les cols de l'Izoard et de Porte que son talent est intact. Les bonnes surprises résident dans la troisième place du Bordelais Guy Lapébie et le premier reportage télévisé qui permet à deux mille familles parisiennes d'assister au final du Parc des Princes. Grâce à la marque Sofil, le porteur du maillot jaune reçoit une appréciable rente quotidienne qui donne des regrets aux anciens, moins bien lotis. Mais, entre *L'Aurore* et *L'Equipe*, les frictions commencent. Jacques Goddet ayant exigé que Roger Lapébie, qui officiait d'un œil

semble-t-il trop critique comme envoyé spécial de ce journal, cesse sa collaboration, il s'attire de Dominique Pado un sévère : « Le Tour de France est entre les mains d'une organisation monstre qui rançonne les villes pour leur accorder le droit de passage. »

Marinelli puis Coppi survolent le Tour 1949

Des péripéties qui ne porteront aucun ombrage au succès d'un Tour 1949 qu'amplifie la prise de maillot jaune par le titi parisien Jacques Marinelli. Tout l'Hexagone pédale dix-sept jours durant derrière «La

Avec Marinelli (à gauche), la passation de pouvoir entre Bartali et Coppi, des défaillances et des rebondissements, le Tour 1949 sera un des plus marquants de l'Histoire. L'écrivain Louis Nucera éprouvera le besoin de le refaire pour en retrouver les parfums.

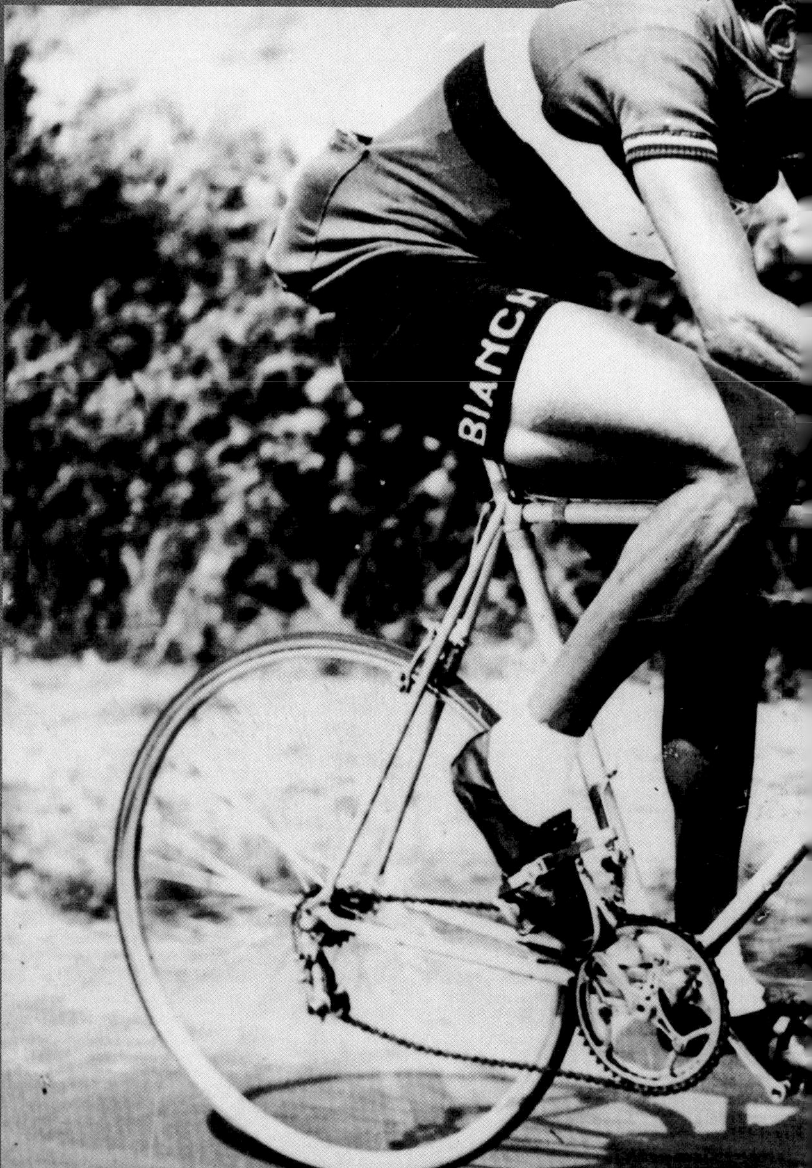
BIANCH

«Les jambes fines, démesurément longues, le buste court, la tête enfouie dans les épaules, l'œil globuleux et la bouche en appel d'air dans un ensemble paradoxalement harmonieux, ce héron paré des couleurs italiennes, haut perché sur une selle invisible», et qui a semé la course, c'est Coppi, admirablement saisi par Pierre Chany, le meilleur des journalistes de cyclisme, qui ajoute : «Avec ses 73 kg pour 1,77 m, il ne connaissait pas la hantise du poids mort, et des muscles inutiles, que certains hissent tels des mulets jusqu'à la cime des montagnes. Dans la vie quotidienne, il présentait des formes ingrates avec ses mollets de coq et ses épaules de rachitique, mais sur sa bicyclette, il devenait harmonieux.»

Perruche», et les tirages moyens du quotidien organisateur dépassent 560 000 exemplaires. Mais ce n'est pas pour rien que Fausto Coppi, le recordman de l'heure, récent lauréat du Giro, bénéficie des larges faveurs du pronostic. En dépit d'un passif qui frisera un moment les trente minutes, l'homme qui donne au magazine *Point de Vue-Images du Monde* des souvenirs modestement intitulés «Nous avons tous deux jambes» ne décevra pas. Bien épaulé par ses équipiers après la chute de la cinquième étape, il se réveille dans Vars, l'Izoard, la descente du Petit-Saint-Bernard et le contre la montre de Nancy. Ce festival en fait la vedette du journal télévisé de Pierre Sabbagh. Comme le soulignent les spécialistes, Fausto ne grimpe pas, il s'élève. A son équipe, Fausto, grand seigneur, abandonne également primes et prix. Au sommet du Galibier, la stèle de Desgrange flambant neuve voit passer un maillot jaune légitimement estampillé des célèbres initiales H. D. du fondateur.

Quand le Tour bat deux fois à l'heure suisse

Coppi, absent en 1950, pour cause de bassin fracturé au Giro, Bartali et sa garde s'étant retirés dans les Pyrénées après un accrochage malheureux avec Robic, le Suisse

Ferdi Kubler et Ockers prennent l'épreuve à bras le corps entre Perpignan et Nîmes. Bobet aura beau réussir un admirable baroud dans l'Izoard, Kubler, qui monte sa machine dans sa chambre et n'hésite pas à faire changer quatre fois ses développements par son mécanicien, sera l'homme de la situation, du Tour. Du «demi-tour», nuancera perfidement *L'Echo des sports* après le repli des Transalpins, tout en reprochant à *L'Equipe* son mauvais usage d'une épreuve louée par le Syndicat national des entreprises de presse.

Victime de la canicule et peut-être un peu des amphétamines, Abd-el-Kader Zaaf, ranimé à grands

Koblet (ci-dessus) jongle avec peigne et pédales. Moins aérien, Kubler (à gauche, en bas) s'impose à l'énergie. Avec ces ténors suisses, Bernard Gauthier (à gauche, en haut) sera heureux de porter un moment le maillot jaune frappé des initiales de Henri Desgrange.

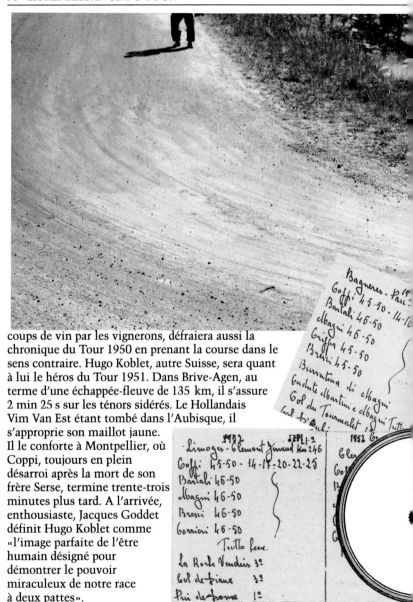

coups de vin par les vignerons, défraiera aussi la chronique du Tour 1950 en prenant la course dans le sens contraire. Hugo Koblet, autre Suisse, sera quant à lui le héros du Tour 1951. Dans Brive-Agen, au terme d'une échappée-fleuve de 135 km, il s'assure 2 min 25 s sur les ténors sidérés. Le Hollandais Vim Van Est étant tombé dans l'Aubisque, il s'approprie son maillot jaune. Il le conforte à Montpellier, où Coppi, toujours en plein désarroi après la mort de son frère Serse, termine trente-trois minutes plus tard. A l'arrivée, enthousiaste, Jacques Goddet définit Hugo Koblet comme «l'image parfaite de l'être humain désigné pour démontrer le pouvoir miraculeux de notre race à deux pattes».

La mise en pratique des traités de diététique et d'entraînement porte ses fruits. La machine de Coppi (ci-contre) s'est bien améliorée. Grâce à lui (ci-dessus), le cyclisme devient une discipline moderne. Pour chaque étape, on note les bons développements.

Le temps des fagots utilisés comme freins est bien oublié, mais celui du tour d'Europe des cathédrales dont rêve Fausto ne viendra pas.

Coppi nettement au-dessus du lot

Les supporters de Fausto Coppi l'avaient obligé à s'aligner un an plus tôt que prévu dans le Tour 1949 et à réaliser ainsi un doublé historique Giro-Tour, de taille à rabaisser le caquet des Bartalistes. Il ne les décevrait pas davantage en 1952, où quelques téléspectateurs auraient le privilège de le voir jongler avec les arrivées en altitude instaurées à l'Alpe-d'Huez, à Sestrières et au Puy-de-Dôme. Fausto, certes, se balade, mais cela ne veut pas dire que le Tour soit une sinécure pour les autres.

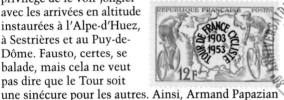

Ainsi, Armand Papazian met plus d'une heure à retrouver son souffle après l'arrivée de l'étape Rouen-Roubaix. Révélation du contre la montre Metz-Nancy qu'il termine troisième, il n'en sera pas moins au bout du rouleau à la neuvième étape. Dans Sestrières, Robic, lui, gonfle à qui mieux mieux son unique boyau en train de rendre l'âme, mais en vain.

Il tournait rond Louison Bobet, le Breton

Les jeeps techniques blanches et Louison Bobet seront les grandes vedettes du Tour 1953. Six ans après Robic, il appartient donc à un autre Breton de mettre un terme à l'hégémonie étrangère.

«Dans les gradins de l'Izoard, qui couperaient le souffle même à un aigle», dit Buzzati, Bobet s'envole, comme Thys et Bartali avant lui, comme Thévenet après. Le reporter Georges Briquet (ci-dessous) nous fait nous envoler avec lui. Oubliés dysenterie, mal aux fesses lancinant, montée de la Forclaz à pied derrière Gino. A vingt-huit ans, après cinq années d'apprentissage, Bobet, disciple de Coppi, a eu raison de ne pas écouter son père lui disant : «Je ne veux plus te voir disputer le Tour. C'est trop dur, laisse cela aux autres.» Cette année-là, un timbre officiel (à gauche) commémore le demi-siècle de la dure mais fascinante épreuve.

Koblet tombé dans Soulor, et Robic dans Fauremont, c'est encore les Bretons qui se disputent le maillot. François Mahé passe le maillot à Mallejac qui le rétrocède à Bobet profitant de la case déserte de l'Izoard pour l'accaparer tout de bon.

On a beau partir d'Amsterdam en 1954, l'intenable «sorcière aux dents vertes» fait encore tomber Koblet dans les Pyrénées, cependant que Robic percute un photographe. Bobet se faufile si bien entre les pièges de l'Izoard qu'un second succès finit par lui sourire. Pour l'écrivain Gilbert Prouteau, l'édition 1955 s'apparente à une «kermesse héroïque». En effet, les téléspectateurs, qui, chaque soir, bénéficient pour la première fois d'un bref résumé de la journée, découvrent un Bobet admirable. Jour après jour, ils le voient repousser aussi bien les assauts des étrangers Brankart, Gaul et Kubler que des régionaux Laurédi et Robic. Celui-ci s'estime persécuté par un Louison qui est en train de réussir un triplé.

Roger Walkowiak est le lauréat surprise mais logique du Tour 1956 qui correspond bien aux prédictions formulées par le voyant Marcel Belline

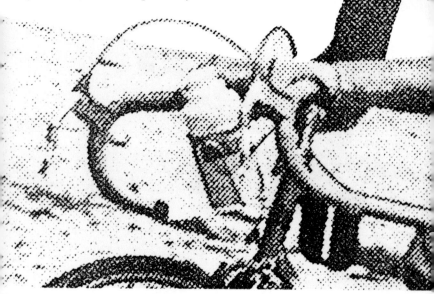

dans *L'Equipe* : «Etapes agitées et classements mouvementés.» Parti de Reims, c'est donc grâce à «Walko», sociétaire du Nord-Est-Centre, que ce Tour fit bien les bulles prévues. Se faufilant dans les bonnes échappées, c'est-à-dire les échappées bidon, celles auxquelles les «gros» ne croient pas, s'affichant dans la Croix de Fer, Walko bat donc tous les attentistes, en particulier ceux de l'équipe de France de Marcel Bidot, sifflés au Parc. A l'instar de

Louison Bobet (au centre) peut sourire quand Lucien Pothier, deuxième du Tour 1903, déclare : «Les coureurs d'aujourd'hui n'ont plus l'amour propre et le courage des anciens, ils gagnent de l'or en barre et sabotent le métier.» Lui qui ne pense et ne vit que pour le vélo... Tout comme Jacques Goddet d'ailleurs (ci-dessus), qui n'a de cesse d'améliorer le Tour qu'il a reçu en héritage de Desgrange. «Dernier des troubadours, il chante le Tour comme un roman d'aventures», a dit de lui Cocteau. Il est parti fin 2000, il avait 95 printemps.

Cornet en 1904 et de Lambot en 1922, Walkowiak s'impose sans avoir obtenu le moindre gain d'étape. Les mites feront d'ailleurs rapidement un sort à ce maillot jaune en laine Rhovyl, car après dix années de professionnalisme, les plus belles de sa vie, Roger rentre dans le rang et retourne à l'usine. Toujours cette saison-là, un Tour d'Europe se développe de Zagreb, en Yougoslavie, à Namur, en Belgique. Sur 1 748 km, découpés en onze étapes, disputée par treize équipes nationales, cette épreuve sans lendemain permettra à Roger Rivière d'endosser à 36,105 km/h de moyenne le maillot jaune et rose de vainqueur.

Anquetil le néophyte et Gaul le chevronné

La canicule fait fondre le goudron des routes du Tour 1957. La course est le théâtre d'un terrible drame. Lors de la seizième étape, Barcelone-Ax-les-Thermes, le brillant journaliste Alex Virot et son motard René Wagner s'écrasent mortellement dans un fossé. Cette année d'effervescence, marquée par l'abstention de Bobet, voit les éclatants débuts d'un Normand de

Lorsqu'en 1956 le financement des équipes par les marques de cycles commença à s'essouffler, l'astucieux Raphaël Geminiani (ci-contre, à droite), roulant pour l'apéritif St-Raphaël, fut un des premiers à convaincre épiciers, brasseurs et autres marchands que le Tour représentait pour eux «une affiche publicitaire de 4 000 km». Les coureurs devenaient des hommes-sandwiches, à commencer par Anquetil (ci-dessus).

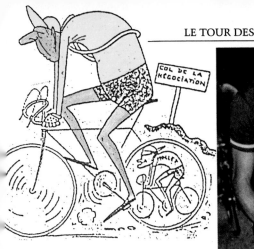

COL DE LA NÉGOCIATION

HELLER

vingt-trois ans. Jacques Anquetil triomphe, en effet, malgré la dysenterie et un Gastone Nencini superbe en montagne. Douze victoires d'étape sanctionnent la production tricolore. Une performance non rééditée l'année suivante, où Anquetil, frappé par un point de congestion, abandonne, cependant que Bobet vieillissant ne peut endiguer aussi bien que Geminiani les fougueuses attaques du Luxembourgeois Charly Gaul. Des attaques qui redoublent sous l'orage de la Chartreuse. Comme il a été impérial dans le Ventoux (télévisé en direct), le résultat final ne fait pas mystère.

Avec trois têtes, Anquetil, Bobet, Rivière, la formation tricolore du Tour 1959 sera encore moins performante. Ce trop-plein de leaders permet au grimpeur espagnol Federico Bahamontes de profiter de la confusion. Il est le premier Ibérique à inscrire son nom au palmarès de la

En 1958, Charlie Gaul (ci-dessus) et le général de Gaulle arrivent presque ensemble aux affaires. Deux géants aussi à l'aise devant les obstacles que le mauvais temps.

❝ Le cyclisme est un tissu déconcertant où les exploits individuels sont la broderie et la course d'équipe la trame. Mais, en fin de compte, là comme dans les autres sports, et comme dans tous les domaines de la vie, tout s'efface à un moment donné, devant l'exception et la grâce. Qu'elle ait nom Anquetil [ci-contre] ou Pelé. **❞**

Jacques Ferran,
Football, aventure des hommes, La Table
Ronde, 1965

grande boucle. Une belle revanche pour «L'Aigle de Tolède» qui, deux ans auparavant, avait dû abandonner, le bras gauche paralysé par une méchante piqûre au calcium. Cette fois, c'est Louison Bobet qui tirera superbement sa révérence au Tour en prenant congé au sommet de l'Iseran. L'hélicoptère Aspro veille à la santé des géants, tandis qu'André Darrigade qui, pour la quatrième année consécutive, s'adjuge la première étape, triomphe dans le classement final par points, couronné par le maillot vert.

Ouverte sur la mort du campionissimo Fausto Coppi, l'année 1960 ne sera pas davantage favorable à nos couleurs, malgré la rencontre du général de Gaulle avec le Tour lors du passage à Colombey-les-Deux-Eglises. En effet, le Stéphanois Roger Rivière, sur le point de conquérir ce maillot jaune que chante Marcel Amont, se brise dans la descente du Perjuret, un petit col cévenol. Abus de ceci ou excès de cela, reste le drame. Le recordman de l'heure est à terre, fini. L'Italien Gastone Nencini, tel le vent, file vers Paris.

Anquetil et Poulidor partagent la France en deux en 1964 et décuplent l'audience du Tour.

Le règne d'Anquetil et sa rivalité avec Poulidor

Comme en 1960, la télévision retransmet en direct en 1961 les dix derniers kilomètres d'un Tour qui, pour être mis sur orbite par Darrigade toujours aussi prompt à entrer en action, va voir Anquetil posséder ensuite le maillot jaune jusqu'au bout. Il réalise un autre exploit en 1962 où, s'imposant à la moyenne de 37,30 km/h, il réussit son triplé.

Le Tour 1963 est-il la plus belle victoire d'Anquetil? Probablement. Et en partie grâce à Bahamontes, qui l'oblige à triompher dans les contre la

montre, mais également à deux reprises en montagne. Pour ce faire, on sort même le grand jeu, avec changement de vélo ultra-léger... Antoine Blondin appréhende ainsi Anquetil : «Son maillot jaune lui était un blouson, et sa mèche dorée sur son visage aigu celle d'un Johnny Halliday qui n'eût pas tout à fait passé la rampe.»

La rampe, il fallut le sublime Poulidor du Tour 1964 pour le lui faire franchir. D'abord sur les flancs du Puy-de-Dôme où le Normand, à force de courage et de subtilité, ne cède que 42 secondes au Limousin. Ensuite, le 14 juillet, lors de l'ultime secteur contre la montre, alors que son avantage de 14 secondes est en train de fondre, maître Jacques s'arrache littéralement dans les cinq derniers kilomètres, portant à 55

66 Mains en bas du guidon, à la recherche de l'aérodynamisme parfait [...], Anquetil (ci-dessus) lutte contre la montre en se faisant métronome. 99
Bobet et Frankeur, *Champions*, La Table Ronde, 1962

secondes son avantage définitif. Ce quintuplé réussi par le Normand, André Darrigade, vainqueur de la vingt-deuxième étape, et Georges Groussard, en jaune de Briançon à Bayonne, le penseront inégalable. Jacques Anquetil s'abstenant après son extraordinaire doublé Dauphiné-Bordeaux-Paris, on est convaincu que la chance va enfin sourire à Poulidor. Il n'en est rien. Felice Gimondi, un Italien révélé en 1964 dans la quatrième édition du Tour de l'Avenir, le frère cadet, calcule mieux sa course que le Limousin vainqueur au Ventoux, mais décevant au crucial mont Revard qu'il n'a pas reconnu, comme le lui avait recommandé son mentor en blouse blanche, Antonin Magne.

Poulidor, encore victime

La toison d'or, le Limousin y semble enfin voué en 1966. Il bat même Anquetil dans le contre la montre de Vals-les-Bains, mais celui-ci ne l'entend pas de cette oreille et, avant d'abandonner, malade, il mettra un point d'honneur à glisser entre la victoire et le Limousin son jeune protégé Lucien Aimar.

En 1967, c'est encore Poulidor et le dopage qui tiennent le haut du pavé d'un Tour à nouveau disputé par équipes nationales. Poulidor, archi-favori, crève et chute dans le ballon d'Alsace. Son débours de 12 minutes l'incite à se mettre intelligemment au service de son équipier Roger Pingeon, surnommé «Pinpin». En l'assistant dans le Galibier, où ils repoussent ensemble les prétentions de

« Poupou», élève du vertueux Antonin Magne (à gauche), grâce à sa bonne humeur, sa santé, et sa longévité sera, en 1977, l'invité idéal des lecteurs de *La Maison de Marie-Claire*. Sa popularité permettra à son sponsor, le G.A.N, d'accroître sa notoriété.

On a tout dit sur la dramatique disparition de Tom Simpson en 1967 (ci-dessous). Volonté de se surpasser et recours aux amphétamines? Chaleur et manque d'air? Effets sournois d'une bouteille d'alcool trop rapidement vidée, pense Robert Chapatte. Qu'importe, cela ne fera pas revenir le cher «major» Simpson, premier Anglais à avoir porté le maillot jaune.

Gimondi, Poupou permet à Pinpin de franchir un pas décisif vers une victoire finale. En 1968, le Tour est disputé pour la dernière fois par équipes nationales. Parti de Vittel, ce Tour, marqué par l'abandon de Poulidor accidenté à Albi, permet aux Belges et aux Hollandais de s'expliquer. A la surprise générale, c'est le Batave à lunettes Jan Janssen qui a le dernier mot, en coiffant *in extremis* le Belge Van Springel, porteur du maillot jaune. Preuve que s'il donne souvent des ailes, le maillot peut aussi parfois écraser son porteur.

Au seuil du XXIe siècle, le Tour s'internationalise et se modernise, sans perdre son âme. La télévision a beau lui ouvrir les horizons les plus larges, il n'en demeure pas moins que, malgré des routes bien meilleures et un matériel de plus en plus sophistiqué, pour s'imposer, il faut avoir une volonté et une soif de vaincre au moins aussi grandes que jadis. En dépit des ordinateurs, des hélicoptères et des écrans géants, le charme opère toujours.

CHAPITRE V

VERS L'AN 2000

Signe d'ouverture sur le XXIe siècle, l'édition 1990 du Tour prend son essor du Futuroscope de Poitiers, comme en témoigne, à gauche, ce dessin de Roger Blachon. Autre signe d'évolution, technique cette fois : le guidon de triathlète (ci-contre).

Voilà exactement trente ans qu'en 1969 les Belges
attendent le successeur de Sylvère Maes. Leur messie
ne les décevra pas. Eddy Merckx, puisque c'est de lui
qu'il s'agit, est un débutant qui, non content de
s'imposer dans les contre la montre, brille au ballon
d'Alsace et effectue une somptueuse échappée
pyrénéenne de 100 km. Assortie d'un nouveau gain
de 8 minutes, cette fugue rejette à l'arrivée à Paris
Pingeon, son dauphin, à plus d'un quart d'heure.
La domination d'Eddy est telle que tous les autres
maillots représentatifs des classements par points
(vert), du Grand Prix de la Montagne (pois rouges),
du combiné et de la combativité lui reviennent aussi.
C'est dire s'il peut être fier quand le roi Baudoin le
reçoit le lendemain de l'arrivée, qui coïncide avec la
fête nationale belge.

Cette mainmise du champion belge s'apesantit
encore en 1970. On constate alors qu'à 38, son pouls
est encore plus bas que celui de Coppi, avec qui on le
compare volontiers comme escaladeur. Comme on
dit aussi qu'il roule comme Anquetil, et possède le
panache de Bobet, il veut tout gagner et devient «Le
Cannibale». Un surnom déjà attribué à Poulidor en
1965 par le journaliste Francis Huger. C'était dans le
Ventoux, et Francis avait considéré que le Limousin
«l'avalait avec la voracité d'un cannibale
engloutissant le mollet d'un archevêque». Eddy
donne tellement le meilleur de lui-même
qu'en 1970 au sommet de ce même mont,
«roi titanique au milieu de la plaine», il
essuie après une nouvelle victoire une
défaillance vite surmontée.

Ocana puis Guimard asticotent
«Le Cannibale»

La passe de trois, Eddy est
mal parti pour la réussir en
1971, où il tombe dans
Grenoble-Orcières Merlette
sur un Luis Ocana survolté
qui lui arrache 8 min 41 s. Une
claque à laquelle il répond par
une terrible révolte, à Marseille

Merckx survole
le Tour 1969
(à gauche), alors que
Neil Armstrong pose
le pied sur la Lune.
L'Equipe titre :
«Le vélonaute :
alunissage réussi.»
En 1970, il ne se
relâche pas. C'est dire
la surprise que produit
en 1971 le «coup
d'Etat» de Luis Ocana
à Orcières. Le Belge
doit sortir de ses gonds
et contre-attaquer. Est-
ce son retour menaçant
qui est à l'origine de
la chute de l'Espagnol
(ci-dessus)? Est-ce
simplement la pluie?
Luis souffre, puis
abandonne.

comme à Albi, où il parvient à combler 2 min 23 s. La course palpitante voit sa moyenne grimper à 45,351 km/h. Las, le lundi 12 juillet, dans la première étape pyrénéenne où l'Espagnol se promettait de reprendre l'offensive, un orage terrible éclate et Luis, toujours vêtu de jaune, chute dans la descente du col de Mente. «Le Tour est foudroyé, Ocana brisé», titre *L'Equipe*. Notre nouveau Don Quichotte doit renoncer et le Belge, pour rendre hommage à son adversaire tombé les armes à la main, se refuse à porter ce maillot hérité sur un coup du sort. A l'arrivée à Paris, son second est encore le Hollandais Zoetemelk.

C'est le Nantais Cyrille Guimard qui apportera en 1972 une contradiction imprévue au grand Belge. Mais les genoux bloqués, c'est de la voiture balai qu'il saluera le quadruplé du «Cannibale». Tout nouveau recordman de l'heure, Merckx, champion complet s'il en est, boude le soixantième Tour de France. Celui-ci permet à Luis Ocana de s'imposer sans l'ombre d'un doute. Quant à Poulidor, qu'une chute contraint à l'abandon dans les Pyrénées, l'écrivain Michel Marmin se plaît à en deviner la photo dans toutes les chaumières. Elle y est coincée entre *L'Angélus* de Millet, la collection du *Chasseur français*, le certificat d'études et les médailles de la Grande Guerre.

Mais notre image d'Epinal n'est pas aussi sage qu'on veut bien le dire. Ainsi Raymond est encore

Mais qu'est ce qui fait donc courir Eddy (ci-dessus) si vite, si fort, si haut? L'argent? La gloire? Le besoin de dépassement? La course simplement? Et si c'était le bonheur de retrouver au panthéon les Coppi et Koblet de son enfance?

le plus coriace pour mettre des bâtons dans les roues d'un Merckx qui, sans cela, s'acheminerait vers un succès trop facile dans le Tour 1974. Pour la première fois, une étape du Tour est disputée en Angleterre, à Plymouth. Un cinquième bonheur éclatant pour Merckx et qui a été partagé, d'après un sondage, par 50 millions de téléspectateurs en Eurovision, dont plus de 19 millions en France, et près de 12 millions de spectateurs sur le parcours.

Premier défilé tricolore sur les Champs-Elysées

Lancée par le journaliste Yves Mourousi à l'automne 1974, l'idée d'une arrivée du Tour sur l'avenue des

Toujours est-il que «la légende d'héroïsme du vélo n'avait jamais encore célébré un preux chevalier pareil», constate Jacques Goddet ravi par les offensives perpétuelles du Belge. Un bonheur qui fait aussi la joie de Peugeot, Faema, Molteni ou Fiat, car cet homme-sandwich peu ordinaire comble ses sponsors successifs.

Champs-Elysées séduit Jacques Goddet et Félix
Levitan, les deux codirecteurs. En 1975, elle
coïncidera, huit ans après celle de Pingeon, avec une
nouvelle et réjouissante victoire française. Une
apothéose de rêve pour Bernard Thévenet, équilibré
pédaleur de vingt-sept ans. Très présent, mais
malchanceux dans les Pyrénées, efficace dans le Puy-
de-Dôme où il reprend 52 secondes à Merckx
handicapé par le coup de poing d'un énergumène,
Bernard bâtit sa victoire dans les Alpes. Dans Pra-
Loup-Serre-Chevalier où, avec l'Izoard pour tremplin,
Bernard s'envole vers la consécration. Quelque
500 000 personnes fêtent le champion de Peugeot sur
des Champs-Elysées que survole, pour la première
fois, un hélicoptère de la télévision. Les images ainsi
réalisées rendent Gilbert Larriaga aussi heureux que
l'abbé Pallot, le curé de Saint-Julien-de-Civry, dont
les prières pour la victoire de son ancien enfant de
chœur sont exaucées. Quant à Merckx, il est sublime
dans la défaite.

L'empire Merckx
vacille en 1975
pour la première
arrivée sur les Champs-
Elysées (ci-dessous),
Thévenet (à droite)
allant au bout du rôle
lancé par Ocana en
1971. Poulidor (ci-
dessus), malade, est 19e
avec le sourire.

Ce beau Tour suscite un nouveau projet
cinématographique de Michael Cimino. Ne resterait
qu'à convaincre Belmondo ou Ventura. Il tournera
aussi court que le précédent. Rien du Tour 1976
n'échappe aux Belges. Ni le maillot vert, qui va si
bien au véloce Freddy Maertens, ni le jaune que
décroche sur les reliefs le petit grimpeur de poche
Lucien Van Impe. Un Van Impe qui a la chance
que le directeur sportif de l'équipe Gitane soit l'avisé
Cyrille Guimard.

Poulidor a acquis dans le Tour une popularité
considérable. A en rendre jaloux André Malraux lui-
même dont aucune rue ne porte encore le nom alors
que «Poupou» a la sienne à Sauviat-sur-Vige!
Dietrich Thurau, un jeune Allemand de vingt-deux
ans, porte quatorze jours durant le maillot jaune d'un
Tour 1977 que Bernard Thévenet s'octroie d'autant
plus facilement qu'une voiture expédie dans le fossé
son plus dangereux adversaire, Lucien Van Impe. Ce
retournement de situation s'opère sur les pentes de
l'Alpe que les supporters hollandais, inspirés par les
exploits de leurs grimpeurs, vont progressivement
coloniser.

Le Tour saisi par la grève et la tricherie

Le Tour 1978, celui de la soixantième édition, est bien de son temps, constate avec philosophie Noël Couedel, rédacteur en chef de *L'Equipe magazine* : «Il porte désormais en lui les préoccupations et les vices d'une époque trouble et difficile qui s'interroge sur le bien-fondé des valeurs traditionnelles.» Pour lui, les vices, ce sont par exemple les tricheries qui émaillent cette édition. En particulier celle commise le 16 juillet, lors du contrôle anti-dopage de l'Alpe-d'Huez. Le coupable en est Michel Pollentier, le propre maillot jaune, aussitôt expédié dans ses foyers. Quant aux préoccupations liées à notre société de loisirs, elles se sont matérialisées par une grève des coureurs le 12 juillet à Valence d'Agen. Avec à sa tête Bernard Hinault, le futur vainqueur, le peloton boycotte l'arrivée pour protester contre le manque de concertation dans l'organisation du Tour, les arrivées tardives, les départs matinaux et les transferts trop nombreux – cinq cette seule année – engendrés par un système où le commercial est en train de prendre le pas sur le sportif. Pour une fois, les champions refusent de se taire et de pédaler. Peut-être maladroit, ce combat pour une humanisation du Tour portera ses fruits, même si Antoine Blondin se demande s'il était heureux de prendre ainsi en otage le «bonheur populaire».

"Au cours du contre-la-montre entre Metz et Nancy, j'avais un 54 x 12 (9,61 mètres), mais j'ai passé le 12 dents seulement trois fois. L'art du coureur, c'est de savoir utiliser avec précision son dérailleur, de moduler selon sa condition physique, la nature du terrain, de varier avec opportunité ses développements. Pour l'essentiel, il faut savoir que tout ne s'acquiert pas seulement sur une bicyclette. Il faut pratiquer les exercices qui cultivent tous les muscles. Car on a besoin de tout son corps pour réussir à vélo. Un champion cycliste est avant tout un athlète complet."
B. Hinault,
L'Equipe,
24 juillet 1978

Pour que le Tour reste le Tour, l'inhumain y est nécessaire

Jacques Goddet vient à la rescousse, en défendant «la nécessité de préserver un côté inhumain, dans un Tour où l'excessif est nécessaire…» La mise en scène de cet «excessif», qui respecte d'ailleurs de moins en moins le pourtour de l'hexagone, ne demande pas moins de deux ans de préparation et une équipe de quinze, vingt, puis cinquante personnes, qui n'a plus rien à voir avec la petite phalange qui faisait jadis des miracles sous la bienveillante autorité du fabuleux commissaire général Wermelinger. Deux ans, le temps pour les coureurs de parcourir 80 000 km, et une centaine de critériums d'après-Tour avec leurs valises à la main. «A gauche, dans la petite, il y a le linge. A droite, dans la grosse, il y a la pharmacie.» Ce qui fait donc 40 000 km parcourus en un an, une paille, parmi lesquels les 4 000 du Tour sont essentiels et conditionnent tous les autres. Car, comme le déclare André Chalmel, le fidèle équipier de Hinault : «C'est sur le Tour que l'on est envié, pas ailleurs.» Seuls ces fameux kilomètres hexagonaux peuvent procurer cette gloire qui illumine en 1978 le jeune Hinault, vainqueur à vingt-trois ans de ce Tour auquel Merckx renonce à jamais.

Comme pour Coppi, Anquetil et Merckx, le coup d'essai du Breton est un coup de maître.

L'écrivain Ionesco ne comprend pas «le désir passionné de ceux qui veulent arriver en tête du peloton à Paris après avoir tourné autour du pays». Il trouve cela pire que la politique. Dirait-il la même chose s'il connaissait Hinault ? Et ne s'étranglerait-il pas en découvrant ce «spectateur comblé parce qu'il a pu reconnaître au vol le dos de Poulidor et admirer trois secondes au passage un coureur échappé» ?

Surnommé «Le Blaireau», Bernard Hinault fait du Tour sa chasse gardée

La distance est de 3 735 km en 1979, et l'empoignade entre Hinault et Zoetemelk, qui terminent ensemble sur les Champs, est de toute beauté. Le Breton qui, à l'initiative de Guimard, a utilisé un vélo profilé, a encore le dernier mot. Il n'en demeure pas moins que la revue *50 Millions de Consommateurs* considère que «les vrais gagnants du Tour ne font pas du vélo, mais de la publicité».

La tendinite qui contraint Hinault à se retirer du Tour 1980 à Pau fait le bonheur de l'omniprésent Hollandais de France, Joop Zoetemelk. Celui-ci connaît enfin la première marche du podium à sa dixième participation, pour ses trente-trois ans. Mais ce maillot en «climatite», dont les parois protègent du refroidissement, ne fera qu'un seul crochet par Meaux où réside le Hollandais avant de reprendre en 1981 et 1982 le chemin de la Bretagne. Ce dernier et quatrième succès de Bernard Hinault est d'ailleurs celui d'un doublé victorieux avec le Giro. Une réussite recherchée qu'une opération au genou interdira au Breton en 1983. Il se consolera en assistant au triomphe de Laurent Fignon, son jeune équipier à lunettes de vingt-trois ans. Devenu leader par suite de l'abandon sur fracture à l'omoplate gauche de Pascal Simon, Laurent assumera ses nouvelles responsabilités en muselant les grimpeurs,

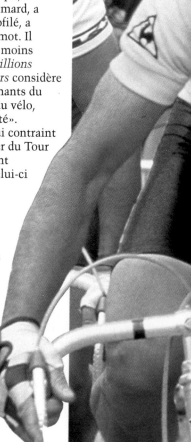

Entre l'intellectuel parisien Fignon (à gauche) et le paysan breton Hinault (ci-contre) que tout semble opposer, que de points communs. Formés par le même directeur sportif, Guimard, ils gagnent le Tour à l'âge de vingt-trois ans, et provoquent une évolution sans précédent, aussi bien dans le matériel que dans la condition du coureur. Adeptes des grands développements, ils finissent par se retrouver en délicatesse avec le genou. Opération surmontée, ils n'ont de cesse de reprendre la course. Toujours avec panache. Ci-dessus, Jean-Marie Leblanc, directeur du Tour depuis 1988.

y compris les remuants débutants colombiens, et en gagnant un beau contre la montre.

Hinault revient en 1984 dans une ambitieuse équipe «La Vie Claire» mise sur pied par Bernard Tapie. Mais n'ayant pas retrouvé l'intégralité de ses moyens, pas plus que l'Espagnol Arroyo et le Colombien Herrera – vainqueur historique à l'Alpe –, il ne pourra entraver le nouveau cavalier seul de Fignon.

1984, c'est également l'année du premier Tour de France féminin : il sourit à la championne américaine Marianne Martin. Non content de ne pas céder à la gourmandise et d'abuser du «maillot jaune», le gâteau créé par les pâtissiers de Sarrebourg pour s'associer au passage du Tour, Hinault devra avoir un sacré courage pour obtenir, en 1985, la victoire qui lui vaut de rattraper Jacques Anquetil et Eddy Merckx, avec leurs cinq victoires chacun. Le nez cassé sur chute, respirant mal, il conservera 1 min 42 s sur son équipier américain Greg LeMond, pas complètement satisfait de devoir se contenter d'une simple victoire d'étape, fût-elle contre la montre, et chez Poulidor, en Limousin. L'étau qui se referme sur Hinault ne manque pas d'inquiéter par ailleurs. En l'absence de Fignon, toujours en délicatesse avec un genou, on ne trouve en effet que des Britanniques, ou des Sud et Nord-Américains, dans les dix premiers. En 1986, Hinault, débordant de panache, s'incline logiquement devant son surpuissant équipier LeMond.

Casque, roue lenticulaire arrière, et position procurant, grâce au guidon de triathlon, une efficacité optimale. Ce n'est pas seulement LeMond qui pédale (ci-dessus), mais avec lui toute l'Amérique performante et conquérante...

Le Tour prend un air anglais pour conquérir le monde

Cette première américaine doit beaucoup au maître à

penser de cette formation, Bernard Tapie. Fasciné par
ce «monde du vélo qui a cent ans de retard» et qu'il
s'agit d'adapter aux temps modernes, le bouillant
industriel fait bouger grille des salaires, technologie
et mentalités.

C'est d'ailleurs Roche, un coureur comme Tapie
les aime, qui sera le premier Irlandais à triompher
dans le Tour 1987. Il le fera avec une bonne humeur
communicative dans un peloton qui, après avoir
admis les roues lenticulaires, tolère enfin les
masseuses. On n'arrête pas le progrès, même si,
malgré les incohérences du contrôle antidopage,
l'Espagnol Pedro Delgado est finalement proclamé

Fignon (ci-dessus)
répugnant à
innover, conservant
son guidon plongeant,
oubliant le casque,
n'est-ce pas un Fignon
trop frileux, pas assez
ambitieux? Le Fignon
d'une vieille Europe
encore hésitante?

vainqueur d'un Tour 1988 qui a vu la mobilisation d'un ministre de son pays, et de tout un peuple.

1989 verra un nouveau grand duel, un chassé-croisé entre LeMond et Fignon qui tiendra en haleine jusqu'au bout un milliard de téléspectateurs. La plus extraordinaire des dramatiques, puisque Fignon, porteur du maillot jaune, s'inclinera devant l'Américain pour huit petites secondes. Les Champs-Elysées, caisse de résonance idéale, amplifieront ce pathétique dénouement intervenant après 3 250 km de course. LeMond utilise un efficace guidon de triathlète correspondant à une remarque d'Hinault, à présent conseiller de la Société du Tour : «Plus on va, plus les différences entre les athlètes sont minimes.

Il faut donc trouver pour chacun ce qui peut améliorer son rendement, ne serait-ce que de 1 %.» Après les combinaisons une-pièce en Lycra, les casques profilés, les cadres en fibres de carbone, les accessoires en titane, pour tout dire les vélos en dentelle, le dernier cri, c'est alors le guidon.

Déjà très exportable, l'image du Tour l'est encore plus depuis les victoires de l'Espagnol Indurain (5), de Riis le Danois, d'Ullrich l'Allemand, de Pantani l'Italien ou d'Armstrong l'Américain (4). Et ce pour le plus grand plaisir de Jean-Marie Leblanc, ancien coureur et journaliste, devenu directeur d'une épreuve «touchant» désormais via la télévision 169 pays. La réputation de la «grande boucle» a, certes, été écornée par le dopage en 1998, mais

Meilleur grimpeur du Tour en 1991 et 1992, le petit Italien Claudio Chiappucci (à gauche) et le grand Espagnol Miguel Indurain (à droite), maillot jaune pendant 60 jours, font la course en tête. Champion particulièrement puissant (1,88 m, 78 kg, 8 l de capacité pulmonaire, 38 de pouls), l'Espagnol a été le premier à gagner le Tour cinq fois de suite entre 1991 et 1995. Un exploit assorti de douze victoires d'étapes, en particulier dans le contre-la-montre où il réussissait à creuser des différences considérables. Originaire de Navarre, ce géant de la route discret et courtois a atteint les sommets de la hiérarchie après un sage apprentissage de sept années dans le sillage de son leader et compatriote Pedro Delgado, lauréat du Tour 1988. Ayant débuté dans la «grande boucle» en 1985, à 21 ans à peine, ce n'est qu'à partir de 1987 qu'il se pique au jeu. Il termine 97e, mais il a compris que cette course était la sienne. Dès lors, il n'aura de cesse de progresser : 47e en 1988, 17e en 1989 et 10e en 1990. Il a gagné en maturité, perdu 8 kg, qu'il a transformés en muscles.

depuis toutes les mesures sont prises pour combattre le fléau et rendre sa dimension épique à une épreuve bientôt centenaire.

Demain, comme hier, le Tour sera toujours le Tour

De quoi sera donc fait le Tour demain? A tous égards, de beaucoup plus de clarté en matière de spectacle et de considération pour les coureurs. Il n'y aura plus que quatre maillots fondamentaux : le jaune, le vert, le blanc et le maillot à pois rouges de la montagne. Par ailleurs, le temps des cinquante ou soixante annonceurs est révolu. On n'en recense plus que quatre, versant chacun de 4 à 12 millions de francs – soit 65 % du budget du Tour – pour figurer sur la vitrine. Beaucoup mieux traités, hébergés et reposés, les coureurs se partageront 15,5 millions de prix, dont 2,5 pour le seul vainqueur, presque

aussi bien loti que le lauréat de Roland-Garros.

Parti de Lille en 1994, de Hollande en 1996, comme il l'avait déjà fait en 1954, 1973 et 1978, le Tour de France s'est élancé de Dublin en 1998 et du Luxembourg en 2002, pour sa quatre-vingt-neuvième édition. Une saga toujours recommencée, qui, après avoir émerveillé nos grands-parents, est encore capable d'épater nos petits-enfants. Car, comme l'écrit Antoine Blondin, c'est «une course qui a engendré une sorte de culture et propagé un courant continu d'affection transmissible, un air de famille et un air du pays, qu'on respire même à son insu»...

Champion du monde sur route en 1993, alors qu'il n'a pas encore 22 ans, l'Américain Lance Armstrong n'est devenu un vainqueur potentiel du Tour qu'après avoir vaincu un cancer. Une terrible épreuve, qui en a fait un autre homme. Il s'est imposé avec panache dans les Tours de 1999 à 2002, sans interruption, soit à quatre reprises. Page suivante, le 13 juillet 2000 sur les pentes du Ventoux, Armstrong, en jaune, laissera la victoire à Pantani, qui le suit.

TÉMOIGNAGES
ET DOCUMENTS

Henri Desgrange et Maurice Garin, les bâtisseurs du Tour de France

Henri Desgrange, le premier, l'aîné, puisqu'il a vu le jour à Paris en 1865, aurait dû être avocat. Maurice Garin, le second, né à Arvier en Italie, aurait dû rester ramoneur. Mais ces deux destins, qui devaient être ordinaires, et s'ignorer, se sont rencontrés en 1894, grâce à la magie d'une bicyclette, le premier étant devenu journaliste sportif et le second coureur cycliste. En 1903, Henri et Maurice, qui partagent la même passion, la même volonté de vaincre, en viendront naturellement à conjuguer leurs efforts pour imposer le Tour, et s'imposer.

La bicyclette, ou «petite reine», était devenue particulièrement populaire après la course Paris-Brest-Paris de 1891, qui avait remué toute la France, et le jeune Desgrange en particulier. Une révélation, qui allait changer sa vie, et lui faire bientôt quitter la paisible étude notariale Depaux-Dumesnil, où il était clerc d'avoué, comme le souhaitait son papa, architecte prudent, et sévère, qui depuis la mort de son épouse, ne rêvait pour ses quatre enfants, que de sécurité dans le monde du «papier timbré». Desgrange, qui découvrait l'aventure, la liberté, la lutte, ne pouvait plus que fuir la procédure. Doté d'une belle plume, d'une solide constitution, qui lui avait valu des prix de gymnastique, l'ancien pensionnaire des oratoriens de Juilly, puis du collège Rollin, se mit en tête de faire sien ce nouvel univers. Ce ne serait pas facile, car Pierre Giffard, à l'origine de tout ce chambardement, avec la création du Paris-Brest, tenait bien son monde, avec le quotidien *Le Vélo*.

Mais la volonté de Desgrange était d'airain, sa capacité de travail sans limite, et son regard aigu. Ce que Giffard n'avait pas été – un champion –, lui le serait, gagnant ainsi une crédibilité décisive. Le record de l'heure, sans entraîneur, négligé en France, deviendrait son tremplin. Il le battrait en 1893, sur la piste du vélodrome Buffalo, puis il améliorerait d'autres records, tout en continuant d'écrire, et tout en se piquant de la direction de vélodromes. Toujours plein de feu, notre amateur va finir par briser des lances avec Pierre Giffard, et séduire M. Clément, constructeur de cycles, qui lui confie des responsabilités. Et donc, lorsqu'en 1894, débarque sur les vélodromes parisiens un pédaleur nordiste nommé Maurice Garin, ils ne manquent pas de se croiser, l'un quittant la compétition, l'autre y cherchant fortune, après avoir tiré le diable par la queue dans les cheminées d'usines de Maubeuge.

Dans le rigoureux Val d'Aoste, pour une famille de neuf enfants, comme les Garin, le pain était rare dans les années 1880, et ils avaient donc traversé la frontière, pour exercer en France, l'ingrate profession de ramoneur, dans laquelle ils excellaient. Maurice n'avait pas dérogé à la tradition, jusqu'à ce qu'il découvre la bicyclette. Il n'était pas très grand, «le petit ramoneur» (à peine 1,63 m pour 62 kg), devenu français, mais il était volontaire, et résistant. Le courant passa vite avec Desgrange, pour qui un gaillard comme celui-là était un rêve. Tous deux savaient ce qu'ils voulaient, il fallut néanmoins le second Paris-Brest-Paris, celui de 1901, pour consolider leur relation. Le premier, celui de 1891, avait ouvert les yeux de Desgrange. Le second, organisé par ses soins, après qu'il l'eut soufflé à Giffard (il était devenu à son tour, depuis le 16 octobre 1900, patron de presse, avec L'Auto-Vélo), allait imposer définitivement Maurice Garin, et montrer que l'avenir n'était plus aux vélodromes mais à la route.

Desgrange avait besoin d'un champion n'ayant pas froid aux yeux pour relever les défis lui permettant d'imposer son titre. Et à trente ans, Garin avait besoin d'un organisateur lui donnant du grain à moudre. Tranquille avec son associé Victor Goddet dont l'entregent social faisait rentrer de la publicité, Desgrange s'entendit d'autant mieux avec Garin que celui-ci était le champion des cycles La Française possédant des actions dans son journal. Mobilisé par Desgrange, pour le second Bordeaux-Paris de 1902, celui de L'Auto-Vélo, qui pouvait, sur le terrain, infliger un nouvel échec à Giffard, et son

Vélo, organisateurs du premier, Garin ne faillit pas. Et quand début 1903, Desgrange lança le Tour de France, qui devait permettre à L'Auto d'étrangler Le Vélo, Garin était le premier inscrit. Et c'est lui qui, parti dans l'inconnu, sans entraîneur, comme Desgrange lors du record de l'heure, vint joliment à bout de la première édition. Comme Desgrange, il avait été courageux, méticuleux, et même odieux avec ses adversaires ou équipiers : le prix à payer, quand on essuie les plâtres. Le maçon était si proche de Desgrange l'architecte, qu'en course, comme lui jadis, il portait une tenue immaculée. Il y avait ajouté des poches sur la poitrine. Des poches, qu'il remplirait des 6 500 francs-or de la victoire. L'Auto, qui avait multiplié les éditions spéciales, trouvait enfin assez de lecteurs pour vivre, et s'imposer. Desgrange gagnait sur tous les tableaux.

La volonté de vaincre de Garin ne serait prise en défaut qu'en 1904, où mis hors-course du second Tour, le champion, devenu lensois, écoperait de deux ans de suspension. On le retrouverait néanmoins en 1911, pour ses adieux dans le troisième Paris-Brest-Paris. Paris-Brest, clef du Tour, et de la réussite du tandem Desgrange-Garin.

Desgrange fut emporté par la maladie en 1940, Garin par la vieillesse en 1957, à plus de 85 ans. Son inséparable cure-dent en bouche, Maurice s'enfuyait parfois de sa station service de Lens, à la poursuite des juges, qui lui «avaient volé», disait-il, son Tour 1904. Qu'importe, il restait, et son enseigne le proclamait : « le champion des routiers du monde». Pour nous, l'homme de la première pierre du mythe.

Serge Laget

Témoins du Tour d'hier et d'aujourd'hui

Sans son public, la course n'existerait pas. Depuis 1903, tous les mois de juillet sans guerre, ils sont des millions à sortir sur le pas de leur porte, les yeux brillants, pour voir passer les coureurs et pour recevoir une «leçon d'énergie nationale». Et quand ils s'appellent Colette, Albert Londres, Gustave Garrigou, Louis Aragon, Jean d'Ormesson, San Antonio ou Alphonse Boudard, leur vision fugitive, pour être différente, n'en vaut pas moins le détour.

Des couleurs, du bruit, des odeurs, le Tour vu par Colette

De Poissy à Villennes, les marges poussiéreuses de la route servent de tapis à des familles paisibles, à des cyclistes sans prétention guêtrés de ficelles, à quelques poivrots dominicaux. Il y en a qui déjeunent en attendant, comme nous, le retour des «Tour de France». [...]

De temps en temps, un adolescent dévale sur deux roues, les basques au vent, et crie, les yeux hors de la tête, des nouvelles dramatiques, inventées tout exprès :

– Y en a un qui vient de se tuer!...

– L'sont plus que trois de l'équipe Peugeot! Tout le restant a crevé!... [...]

Il parle encore qu'un nuage bas blanchit au détour de la route et roule sur nous. Nous sommes aveuglés, suffoqués; nous démarrons à tâtons; une voiture-pilote hurle à nos trousses comme la sirène d'un navire perdu; un autre nous frôle et nous dépasse, d'un élan hardi et onduleux de poisson géant; un fretin affolé de cyclistes aux lèvres terreuses, entrevus dans la poussière, s'agrippe aux ailes des automobiles, dérape, s'écrase...

Nous suivons, engrenés dans la course. J'ai vu passer devant nous, tout de suite avalés par des tourbillons lourds, trois coureurs minces : dos noirs et jaunes, chiffrés de rouge, trois êtres qu'on dirait sans visage, l'échine en arceau, la tête vers les genoux, sous une coiffe blanche... Ils ont disparu très vite, eux seuls muets dans le tumulte; leur hâte à foncer en avant, leur silence semblent les isoler de ce qui se passe ici. On ne dirait pas qu'ils rivalisent entre eux, mais qu'ils nous fuient et qu'ils sont le gibier de cette escorte où se mêlent, dans la poussière opaque, des cris, des coups de trompe, des vivats et des roulements de foudre.

[...] Il y a partout, autour de nous, le danger, la suffocante odeur grasse et brûlée des incendies commençants; il y a en nous, et partout autour de nous, le goût démoniaque de la vitesse, l'imbécile et invincible envie d'être «le premier»...

Colette,
«La Fin d'un Tour de France»,
in *Le Matin*, 28 juillet 1912

Les frères Pélissier, «forçats de la route»

Ce matin, nous avions précédé le peloton. Nous étions à Granville et 6 heures sonnaient. Des coureurs arrivaient, et la foule, sûre d'elle, cria:

– Henri!... Francis!

Henri et Francis n'étaient pas dans le lot.

On attendit.

La deuxième catégorie passée, les ténébreux passés – les ténébreux sont les touristes-routiers, des petits gars courageux qui ne font pas partie des grosses maisons de cycles, ceux qui n'ont pas de boyaux, mais du cœur au ventre – ni Henri, ni Francis ne paraissaient.

La nouvelle parvint enfin: «les Pélissier ont abandonné.»

Nous retournons à la Renault, et, sans pitié pour les pneus, nous remontons sur Cherbourg. Les Pélissier valent bien un train de pneus.

Coutances. Une compagnie de gosses discutent le coup:

– Avez-vous vu les Pélissier?

– Même que je les ai touchés, dit un morveux.

– Tu sais où ils sont?

– Au café de la Gare. Tout le monde y est.

Tout le monde y était. Il faut jouer des coudes pour entrer chez le «bistrot».

Cette foule est silencieuse. Elle ne dit rien, mais regarde béante, vers le fond.

Trois maillots sont attablés devant trois bols de chocolat. C'est Henri, Francis, et le troisième n'est autre que le deuxième, je veux dire Maurice Ville, arrivé deuxième au Havre et à Cherbourg.

– Un coup de tête?

– Non, dit Henri; seulement, on n'est pas des chiens.

– Que s'est-il passé?

– Question de bottes; ou plutôt question de maillot. Ce matin, à Cherbourg, le commissaire s'approche de moi et, sans rien me dire, il me relève mon maillot. Il s'assurait si je n'avais pas deux maillots. Que diriez-vous si je soulevais votre veste pour voir si vous avez une chemise blanche? Je n'aime pas ces manières. Voilà tout.

– Qu'est-ce que cela pouvait bien faire que vous ayez deux maillots?

– Je pourrais en avoir quinze, mais je n'ai pas le droit de partir avec deux et de n'arriver qu'avec qu'un.

– Pourquoi?

– C'est le règlement. Il ne faut pas seulement courir comme des brutes, mais geler ou étouffer. Ça fait également partie du sport, paraît-il. Alors, je suis allé trouver Desgrange:

– Je n'ai pas le droit de jeter mon maillot sur la route, alors?

– Non, vous ne pouvez pas jeter le matériel de la maison.

– Il n'est pas à la maison, il est à moi.

– Je ne discute pas dans la rue.

– Si vous ne discutez pas dans la rue, moi je vais me recoucher.

– On arrangera ça à Brest.

– À Brest ce sera tout arrangé, puisque je passerai la main.

Et j'ai passé la main.

– Mon frère est mon frère, pas vrai Francis? Et ils s'embrassent par-dessus leurs chocolats.

– Francis roulait déjà, j'ai rejoint le

peloton et j'ai dit : «Viens Francis, on plaque.»

– Et cela tombait comme du beurre frais sur une tartine, dit Francis, car justement ce matin, j'avais mal au ventre et je ne me sentais pas nerveux...

– Et vous, Ville?

– Moi, répond Ville, qui rit comme un gros bébé, ils m'ont trouvé en détresse sur la route. J'ai les rotules «en os de mort».

Les Pélissier n'ont pas seulement des jambes, mais de la tête. Et dans cette tête, du jugement.

– Vous n'avez pas idée de ce qu'est le Tour de France, dit Henri; c'est un calvaire. Et encore, le chemin de croix n'avait que quatorze stations, tandis que le nôtre en compte quinze. Nous souffrons sur la route; mais voulez-vous voir comment nous marchons? Tenez...

De son sac il sort une fiole :

– Ça c'est de la cocaïne pour les yeux et du chloroforme pour les gencives...

– Ça, dit Ville en vidant sa musette, c'est de la pommade pour me réchauffer les genoux.

– Et des pilules? Voulez-vous voir les pilules?

Ils en sortent trois boîtes chacun.

– Bref, dit Francis, nous marchons à la dynamite. [...]

– Et les ongles des pieds, dit Henri, j'en perds six sur dix. Ils tombent petit à petit à chaque étape.

– Eh bien! tout ça et vous n'avez rien vu! Attendez les Pyrénées. C'est le *hard-labour*. Tout ça, nous l'encaissons. Ce que nous ne ferions pas faire à des mulets, nous le faisons. On n'est pas des fainéants; mais, au nom de Dieu, qu'on ne nous embête pas! Nous acceptons le tourment, mais nous ne voulons pas de vexations. Je m'appelle Pélissier et non pas Azor. J'ai un journal sur le ventre. Je suis parti avec, il faut

que j'arrive avec, sinon pénalisation. Pour boire, il faut pomper soi-même. Un jour viendra où ils nous mettront du plomb dans les poches, parce qu'ils prétendront que Dieu a fait l'homme trop léger.

Albert Londres,
«Les Forçats de la route»,
Le Petit Parisien, 1924

Un coureur à la retraite se souvient

C'est dans le bazar, rue Lepic où travaille l'homme qui courut huit Tours, de 1907 à 1914, les termina tous, en gagna un, celui de 1911, justement, fut trois fois second, deux fois troisième, quatrième et cinquième, palmarès unique.

Un petit papa râblé; la dent claire, le regard perçant; un brin chauve, les joues en orange, avec un hérisson de moustache, et qui sourit, malin, ironique, penché sur le numéro jauni du journal jaune...

«Eh bien! moi, j'ai un peu oublié ça... les ineffables joies!... Bougres de journalistes!... les hauteurs où ne vont point les aigles! Oh! là, là!... les plus hauts sommets d'Europe... c'était une sale côte, une sale route... même pas une route : un sentier à bourriques et je suis poli!... et plein de cailloux qui nageaient dans la boue... les neiges éternelles?... il y avait un mur de neige malpropre de chaque côté... Voilà.

Ça n'avait rien de surhumain... parce qu'on n'était pas des surhommes, et la preuve, c'est que me voilà, un homme comme les autres, avec quatre Galibier dans ma giberne, plus le Tourmalet où j'ai gagné cinq louis pour l'avoir grimpé sans descendre de selle. [...]

Ils grignotaient les flancs du monstre des dents de leurs pédales! Mince! Moi, je grignotais des petits gâteaux, des bouts de sucre et je buvais du thé très fort...

Du thé ou du café? Ça dépend, jusqu'à midi du jus, l'après-midi de la tisane, c'était réglé comme un régime…
Mais je ne peux plus préciser parce que je ne me rappelle plus quelle heure il était… […]

On faisait son métier, quoi! : les prix, les primes, les engagements…
"Vil professionnel" j'étais et je ne m'en cache pas… C'était seulement la vie…
Il fallait la gagner… La gloire et les honneurs, ça nourrit surtout la foule. […]

Si l'on m'avait dit il y a vingt-six ans que j'entrais dans la galerie des personnages historiques!… Zut!…

Monter le Galibier sans se monter le bourrichon, voilà la recette. Je peux vous l'avouer, je n'ai même pas un souvenir, ni photo, ni coupure de journal, de ces années-là… Je regrette un peu, du reste, maintenant, sur la cinquantaine, de n'y avoir pas fait attention…

Mais on juge mal ce qu'on fait soi-même : ainsi aujourd'hui, quand j'entends parler des petits jeunes du Tour, chez moi, les pieds dans mes chaussons, je me dis que c'est de sacrés phénomènes, et ça m'épate qu'ils grimpent le Galibier…

Eh bien! moi, "Géant de la légende", comme vous dites, ça ne m'avait pas épaté… ça vous en bouche un coin?»

Gustave Garrigou,
«L'Auto»,
Supplément *Arts et techniques*, 1937

Un rite de l'enfance renouvelé, tel est le Tour d'Aragon

«Le Tour… c'est ce soir qu'ils partent!» Toutes les années de mon enfance (j'habitais Neuilly), ce soir-là était une date féerique. Je m'échappais de chez mes parents pour aller me mêler à ce cheminement mystérieux qui, de toutes les directions, convergeait vers la porte du Bois. C'était pour moi sans rapport avec quoi que ce soit, une sorte de cérémonie liée avec le souvenir d'autres âges, d'autres siècles sans bicyclette et sans sport. Le passage des concurrents avec leurs supporters, dans la nuit chaude, l'espèce de grande familiarité de la foule, tout cela avait d'abord le caractère d'une fête de l'été commençant comme la mémoire des fêtes païennes. Mais s'y mélangeaient la mythologie moderne et cette odeur d'asphalte et d'essence, qui hantait la porte Maillot.

Le Tour… je l'ai vu passer un peu partout en France : en Bretagne, sur la Côte-d'Azur, dans les Alpes… c'est dans les lieux déserts que le passage fou de cette caravane éperdue est surtout singulier. Il y a un étrange moment, au Lautaret ou au Tourmalet, quand les dernières voitures passent et s'époumonne le dernier coureur malheureux… le moment du retour au silence, quand la montagne reprend le dessus sur les hommes. […]

Le Tour… C'est la fête d'un été d'hommes, et c'est aussi la fête de tout notre pays, d'une passion singulièrement française : tant pis pour ceux qui ne savent en partager les émotions, les folies, les espoirs! Je n'ai pas perdu cet attrait de mon enfance pour ce grand rite tous les ans renouvelé. Mais j'appris à y voir, à y lire autre chose : autre chose qui est écrit dans les yeux anxieux des coureurs, dans l'effort de leurs muscles, dans la sueur et la douleur volontaire des coureurs. La leçon de l'énergie nationale, le goût violent de vaincre la nature et son propre corps, l'exaltation de tous pour les meilleurs…

La leçon tous les ans renouvelée et qui manifeste que la France est vivante, et que le Tour est bien le Tour de France.

Louis Aragon,
Ce soir, 24 juin 1947

Le tour ne cessa jamais de passer par Plessis-lez-Vaudreuil

Je ne sais pas pourquoi, le Tour de France passionnait mon grand-père. Peut-être le suivait-il en esprit comme le roi, jadis, observait les batailles, entouré de courtisans, des plans de forteresses répandus à ses pieds, une longue-vue à la main, du haut de la colline qui dominait la plaine? Peut-être était-ce l'instinct du jeu stratégique et tactique qui se réveillait en lui à l'approche des cols alpins et du ballon d'Alsace? Peut-être reportait-il sur les géants de la route le goût de ses ancêtres pour les duels et les tournois? Une bicyclette, en tout cas, était dissimulée quelque part dans son monde intérieur et, par un de ces paradoxes qui donnent à la vie réelle son parfum inimitable, une bonne partie de l'été de Plessis-lez-Vaudreuil se passait autour de la table de pierre à épier sur les cartes les sinueuses évolutions de la chenille processionnaire. [...]

De temps en temps, une fantaisie nous faisait froncer le sourcil : un détour par l'Allemagne ou par l'Italie, une promenade au Luxembourg, un Massif central de moins, trois villes d'étapes de plus, une escapade en Espagne. Malgré ces entorses, que nous n'approuvions guère, à la rigueur d'une tradition dont, même dans le cyclisme, nous nous étions naturellement instaurés les gardiens, il me semble aujourd'hui que c'était le même Tour qui, d'une année à l'autre, parcourait le même été sur les vélos du souvenir. Garin et Petit-Breton, Pélissier et Leducq, Antonin Magne et Speicher, les deux frères Maes – vous vous rappelez? – Romain et Sylvère, qui, malgré leur même nom, n'étaient pas frères du tout, Bartali et Coppi, Lapébie et Robic, Kubler et Koblet, Jacques Anquetil et Louison Bobet, je crois bien que c'était le même surhomme, le même géant, le même héros, archange radieux de l'été, peut-être un peu changé par le temps et par l'âge, en train de chevaucher le soleil sur toutes nos routes de Bourgogne et de Provence, d'Aquitaine et du Roussillon, de Bretagne et du Dauphiné.

Immobiles, comme toujours, autour de la table de pierre, nous rêvions de grandes foules, de triomphes populaires, d'arrivées, le soir, dans les vieilles villes en liesse. Beaucoup plus que Deschanel, que Fallières, que Lebrun, Petit-Breton et Antonin Magne étaient les successeurs de Saint Louis et d'Henri IV puisqu'ils soulevaient le peuple et que le peuple les aimait. Peut-être la bicyclette, dans ce monde de machines, était-elle à nos yeux une héritière du cheval? Peut-être voyions-nous en Leducq et Coppi des espèces de centaures, dont nous riions, bien sûr, mais dont les exploits, même dérisoires, éveillaient encore en nous, par coureurs interposés, les très lointains échos de notre grandeur évanouie? Nous aussi, jadis, pour nos dames et le roi, nous étions les champions vers qui montait cet encens dont nous avions perdu jusqu'au souvenir et dont le parfum si fort nous hantait pourtant obscurément : la victoire, le triomphe, la gloire des acclamations.

Jean d'Ormesson,
Au plaisir de Dieu,
Gallimard, 1974

Un chauffeur de taxi au parfum

Rien de ce qui concerne la grande épreuve patronnée par *L'Équipe-Parisien Libéré* ne lui est inconnu. Il sait tous les coureurs, toutes les firmes, tous les infirmes, les développements, les marques de boyaux ou de cale-pieds, l'âge des champions, ce qu'ils bouffent, leurs palmarès, leur vie privée. Il connaît l'itinéraire minutieux; pas seulement les villes-étapes, mais aussi les routes empruntées, depuis les tronçons de nationales jusqu'aux petits vicinaux de dégagement qui évitent les passages à niveau. Les numéros des dossards, il peut les réciter par cœur. Et prophétique avec ça! Il annonce qu'Alonzo va perdre le maillot jaune aujourd'hui, vu que contre la breloque il est bon à nibe. C'est Jacques Anguenille qui va gagner le canard. Evian-Lausanne, vous pensez, ça fait une petite tirée en passant par Saint-Maurice! C'est sa longueur d'onde à Anguenille! Il va leur chourraver huit minutes à ses rivaux immédiats que cause la presse. Et ensuite, dans l'Alpe homicide, ça se tirera la bourre vilain avec le Condor Pyrénéen et Courzidor. Lui, le taximan, il voit le déroulement ainsi.

San Antonio,
Vas-y Béru,
Fleuve noir, 1965

Les mystères du coup de foudre

J'ai vu passer le Tour de France une fois dans ma vie. En 1950 à Antibes. Il avait une heure de retard… Les coureurs, d'un commun accord, s'étaient baignés en route. Une trêve, une fantaisie qu'ils s'étaient offertes, comme ça, en voyant la mer… les plages… les belles estivantes! J'ai donc vu toute la caravane publicitaire et puis le peloton passer en groupe. Très vite. À peine si on distinguait le maillot jaune porté, je crois, par Ferdi Kubler, le coureur suisse. Une déception que je n'ai pas voulu m'avouer! Le Tour avait bercé mon enfance. Je m'étais, comme on dit maintenant, identifié à André Leducq, Antonin Magne… Vietto le roi René… j'en passe et des plus Bartali.

Alors, c'était ça le Tour de France… un groupe de cyclistes qui passe et

beaucoup de bruit autour! Les haut-parleurs furieux qui vous somment de boire du Ricard tout en vous lavant les cheveux au shampooing Dop. J'étais un peu triste, et puis le lendemain tout de même je me suis laissé reprendre… j'ai acheté *L'Équipe* pour lire les commentaires de Jacques Goddet sur le sprint à Nice…

J'ai continué… Ferdi Kubler est à la retraite… Fausto Coppi et le bel Hugo Koblet sont morts… Poulidor est retourné aux champs… Je m'intéresse aux nouveaux venus. Ça m'ensoleille le mois de juillet leurs exploits… toutes leurs batailles dans la montagne […].

J'ai beau me poser des questions depuis ce jour d'Antibes, je n'arrive pas à m'expliquer cette passion du Tour de France. C'est presque aussi mystérieux que la Sainte Trinité du catéchisme. Ça participe de la magie… de la cérémonie, du rite. On a le Tour de France tous les ans et c'est une des dernières raisons d'être patriote, on n'en a pas si souvent l'occase pour des motifs honorables. […]

Ça me fait, lorsque j'entends parler d'une belle échappée d'Eddy Merckx ou de Bernard Hinault dans un col, comme cette fameuse madeleine dont on parle tant dans les gazettes littéraires… une bouffée… là!… J'ai douze piges, soudain et je suis dans la rue… dans le XIIIᵉ… avec mes petits potes. À la porte de chez Anatole, le bistrot en bas de chez moi, on écoute un poste, non pas de radio… de TSF! Il nous diffuse une nouvelle qui nous captive autrement que Hitler et Mussolini… Gino le pieu vient de passer en haut de l'Izoard… il a pratiquement le maillot jaune. Tout ça parce qu'il a de l'eau bénite dans son bidon. Des choses qui vous font croire que Dieu existe bel et bien.

Alphonse Boudard,
«Tango» n° 3, juillet-septembre 1984

Antoine Blondin, héraut du Tour de France

De 1954 à 1982, Blondin (1922-1991) a suivi le Tour vingt-huit fois. Il l'a recréé avec ferveur, stylo en main, pour L'Équipe, *au rythme d'une chronique quotidienne. Connaissant et aimant la course et ses acteurs comme personne, s'appuyant sur une exceptionnelle culture littéraire assortie d'un style inimitable, à la manière de Dumas, de La Fontaine ou, ici, de Villon ou d'Aymé, il a donné au Tour de France ses lettres de noblesse. De «l'art d'être grimpeur» à «le petit Chappe est mort», que d'échappées belles ne lui devons-nous pas !*

Lisieux en face des troupes

Lisieux. Les métaphores militaires n'ont jamais embarrassé le chroniqueur cycliste. Notre ami Bastide a composé naguère un parallèle superbe sur les stratégies et, hier encore, à la télévision, Jacques Goddet était décrit comme personnage boucané dans sa tenue de capitaine en campagne. Ces rapprochements s'imposent davantage encore que depuis que la ruée vers l'Orne a mis véritablement pour la première fois le peloton sur le pied de guerre pour une empoignade assez impressionnante dans le style bocager des chevauchées libératrices de la Bataille de Normandie. À ceci près que c'était plutôt les foules venues proliférer sur le bord de route au-devant des vainqueurs qui avaient l'air de débarquer avec leurs petits drapeaux à la main, leurs chapeaux d'indiens sur la tête, leurs lunettes de soleil sous la pluie et leurs vélocipédistes locaux déguisés en maquisards des Forces Cyclistes de l'Intérieur.

La résistance, c'est néanmoins chez les coureurs qui ont préparé le terrain qu'il fallait la chercher en premier lieu : un Espagnol, du nom de Zubero, et José Catieau, qui n'a d'ibérique que le prénom. Ce commando léger prit subrepticement plus de onze minutes à l'ennemi. Si l'on peut imaginer que ce Zubero, inconnu dans la région, avait confondu Sainte-Thérèse de Lisieux avec celle de d'Avila, il ne fait aucun doute qu'il s'agissait chez Catieau, qui ne se berce pas de châteaux en Espagne, d'une manœuvre préméditée au titre de la diversion.

Effectivement, le réveil des occupants du classement général fut terrible. Sous la protection des hélicoptères, le combat s'engagea dans un vaste déploiement d'escadrons bariolés sous un ciel noir et glacé. Les lignes droites n'étaient pas assez longues, les haies étaient trop rapprochées pour contenir ce déferlement qui coupait la Bretagne en diagonale, comme au temps de Patton, et la réduisait à l'état de poche sous Lisieux.

Malheur à ceux qui croyaient avoir réussi une percée sous prétexte qu'ils avaient crevé! Ils étaient aussitôt livrés à une solitude anxieuse. Ocaña se souviendra d'avoir payé de sa personne à la percée de Saint-Pierre-sur-Dives. Il était alors, tout occupé aux trousses de Merckx, auquel il s'efforçait de mettre des Patton dans les roues. Car le chef belge était naturellement depuis la première heure, au cœur de la mêlée qu'il contribuait à rendre plus ardente, imprimant au peloton une défense élastique pour l'établissement d'un front un peu moins plissé. Dans l'extrême confusion des peines et des efforts, on vit même surgir un cheval au milieu des hommes haletants, comme sur les tableaux de guerre d'Horace Vernet ou de Géricault. Cheval de Troie, à la faveur duquel quelques coureurs essayèrent de donner l'assaut, cheval de bataille qui stimula encore la fougue de l'équipe Faemino, procédé de toute façon cavalier qui faillit couper l'équipe Bic en deux. Et ce fut la célèbre opération «O-Berland».

Mais il n'y avait que la race chevaline à entrer dans le concert : les motorisés étaient là, balançant aux échos leurs rafales et leurs stridences. L'un d'eux, en fonçant au ravitaillement – car l'intendance ne suit pas, elle précède –, faucha une vingtaine de combattants. Deux restèrent au sol, dans le sang et les gémissements. Ils seront les premiers grands blessés de cette campagne de France avec cortège d'ambulance et

évacuation définitive. Van den Bossche, qui pouvait prétendre à commander en chef, était dans ce mauvais coup, mais il a réussi pourtant à regagner ses lignes. Toutefois, en voilà encore une que Van den Bossche n'aura pas!

Je l'ai vu gravir, à une place indigne de son destin, la côte qui amenait les coureurs au pied de la basilique. Sur le seuil de leur parloir, de vieilles petites bonnes sœurs, tous voiles dehors, regardaient monter vers elles ces étranges pèlerins processionnaires aux cuisses nouées et se chuchotaient à mi-voix qu'elles les trouvaient bien méritants. L'une d'elles souriait à l'empressement qu'apportaient ces jeunes gens fourbus à se ruer vers une église, une autre s'initiait au mystère des bonifications, qui sont pour l'éternité de la course des secondes d'indulgence plénière.

À Lisieux, le dialogue des carmélites avait, hier soir, des accents nouveaux.

L'Équipe, 1er juillet 1970

Mythologies du Tour

En prise avec son temps et avec l'Histoire, le Tour est sans cesse en pleine évolution et possède un riche passé. C'est un merveilleux terrain d'investigation qui attire les chercheurs. Il procède du mythe, de la kermesse héroïque, de la saga et de l'épopée nationale. Phénomène de société, il conserve malgré toutes les analyses, une grande part de mystère, comme toutes les fêtes, surtout celles qui sont liées au soleil!

«Le Tour de France comme épopée»

Il y a une onomastique du Tour de France qui nous dit à elle seule que le Tour est une grande épopée. Les noms des coureurs semblent pour la plupart venir d'un âge ethnique très ancien, d'un temps où la race sonnait à travers un petit nombre de phonèmes exemplaires (Brankart le Franc, Bobet le Francien, Robic le Celte, Ruiz l'Ibère, Darrigade le Gascon). Et puis, ces noms reviennent sans cesse; ils forment dans le grand hasard de l'épreuve des points fixes, dont la tâche est de raccrocher une durée épisodique, tumultueuse, aux essences stables des grands caractères, comme si l'homme était avant tout un nom qui se rend maître des événements : Brankart, Geminiani, Lauredi, Antonin Rolland, ces patronymes se lisent comme les signes algébriques de la valeur, de la loyauté, de la traîtrise ou du stoïcisme.

C'est dans la mesure où le Nom du coureur est à la fois nourriture et ellipse qu'il forme la figure principale d'un véritable langage poétique, donnant à lire un monde où la description est enfin inutile. [...] On dit : l'élégant Coletto ou Van Dongen le Batave; pour Louison Bobet, on ne dit plus rien.

En réalité, l'entrée dans l'ordre épique se fait par la diminution du nom : Bobet devient Louison, Lauredi, Nello et Raphaël Geminiani, héros comblé puisqu'il est à la fois bon et valeureux, est appelé tantôt Raph, tantôt Gem. Ces noms sont légers, un peu tendres et un peu serviles; ils rendent compte sous une même syllabe d'une valeur surhumaine et d'une intimité tout humaine, dont le journaliste approche familièrement, un peu comme les poètes latins celle de César ou de Mécène. Il y a, dans le diminutif du coureur cycliste, ce mélange de servilité, d'admiration et de prérogative qui fonde le peuple en voyeur de ses dieux.

Diminué, le Nom devient vraiment public; il permet de placer l'intimité du coureur sur le proscenium des héros. Car le vrai lieu épique, ce n'est pas le combat, c'est la tente, le seuil public où le guerrier élabore ses intentions, d'où il lance des injures, des défis et des confidences. Le Tour de France connaît à fond cette gloire d'une fausse vie privée où l'affront et l'accolade sont les formes majorées de la relation humaine : au cours d'une partie de chasse en Bretagne, Bobet, généreux, a tendu publiquement la main à Laudredi, qui, non moins publiquement, l'a refusée. Ces brouilles homériques ont pour contrepartie les éloges que les grands s'adressent de l'un à l'autre par-dessus la foule. Bobet dit à Koblet : «je te regrette», et ce mot trace à lui seul l'univers épique, où l'ennemi n'est fondé qu'à proportion de l'estime qu'on lui porte. C'est qu'il y a dans le Tour des vestiges nombreux d'inféodation, ce statut qui liait pour ainsi dire charnellement l'homme à l'homme. […]

La géographie du Tour est, elle aussi, entièrement soumise à la nécessité épique de l'épreuve. Les éléments et les terrains sont personnifiés, car c'est avec eux que l'homme se mesure et comme dans toute épopée il importe que la lutte oppose des mesures égales : l'homme est donc naturalisé, la Nature humanisée. […]

L'étape est hirsute, gluante, incendiée, hérissée, etc., tous adjectifs qui appartiennent à un ordre existentiel de la qualification et visent à indiquer que le coureur est aux prises, non pas avec telle ou telle difficulté naturelle, mais avec un véritable thème d'existence, un thème substantiel, où il engage d'un seul mouvement sa perception et son jugement.

Le coureur trouve dans la Nature un milieu animé avec lequel il entretient des échanges de nutrition et de sujétion. Telle étape maritime (Le Havre-Dieppe) sera «iodée», apportera à la course énergie et couleur; telle autre (le Nord), faite de routes pavées, constituera une nourriture opaque, anguleuse : elle sera littéralement «dure à avaler»; telle autre encore (Briançon-Monaco), schisteuse, préhistorique, engluera le coureur. […]

L'étape qui subit la personnification la plus forte, c'est l'étape du mont Ventoux. Les grands cols, alpins ou pyrénéens, pour durs qu'ils soient, restent malgré tout des passages, ils sont sentis comme des objets à traverser; le col est trou, il accède difficilement à la personne; le Ventoux, lui, a la plénitude du mont, c'est un dieu du Mal, auquel il faut sacrifier. Véritable Moloch, despote des cyclistes, il ne pardonne jamais aux faibles, se fait payer un tribut injuste de souffrances. Physiquement, le Ventoux est affreux : chauve («atteint de séborrhée sèche», dit L'Équipe), il est l'esprit même du sec; son climat absolu (il est bien plus une essence de climat qu'un espace géographique) en fait un terrain damné, un lieu d'épreuve pour le héros, quelque chose comme un enfer supérieur où le cycliste définira la vérité de son salut : il vaincra le dragon, soit avec l'aide d'un dieu (Gaul, ami de Phœbus), soit par pur prométhéisme, opposant à ce dieu du Mal un démon encore plus dur (Bobet, Satan de la bicyclette).

Le Tour dispose donc d'une véritable géographie homérique. Comme dans l'Odyssée, la course est ici à la fois périple d'épreuves et exploration totale des limites terrestres. […] La dynamique du Tour, elle, se présente évidemment comme une bataille, mais l'affrontement y étant particulier, cette bataille n'est dramatique que par son décor ou ses marches, non à proprement parler par ses chocs. Sans doute le Tour est-il comparable à une armée moderne, défile par l'importance de son matériel et le nombre de ses servants; il connaît des épisodes meurtriers, des transes nationales (la France cernée par les corridori du signor Binda, directeur de la Squadra italienne), et le héros affronte l'épreuve dans un état césarien, proche du calme divin familier au Napoléon de Hugo («Gem plongea, l'œil clair, dans la dangereuse descente sur Monte-Carlo»). Il n'empêche que l'acte même du conflit reste difficile à saisir et ne se laisse pas installer dans une durée. En fait, la dynamique du Tour ne connaît que quatre mouvements : mener, suivre, s'échapper, s'affaisser. Mener est l'acte le plus dur, mais aussi le plus inutile; mener, c'est toujours se sacrifier; c'est un héroïsme pur, destiné à afficher un caractère bien plus qu'à assurer un résultat; dans le Tour, le panache ne paie pas directement, il est d'ordinaire réduit, par les tactiques collectives. Suivre, au contraire, est toujours un peu lâche et un peu traître, relevant d'un arrivisme insoucieux de l'honneur : suivre avec excès, avec provocation, fait franchement partie du Mal (honte aux «suceurs de roues»). S'échapper est un épisode poétique destiné à illustrer une solitude volontaire, au demeurant peu efficace car on est presque toujours rattrapé, mais glorieuse à proportion de l'espèce d'honneur inutile qui la soutient (fugue solitaire de l'Espagnol Alomar : retirement, hauteur, castillanisme du héros à la Montherlant). L'affaissement préfigure l'abandon, il est toujours affreux, il attriste comme une débâcle : dans le Ventoux, certains affaissements ont pris un caractère «hiroshismatique». Ces quatre mouvements sont évidemment dramatisés, coulés dans le vocabulaire emphatique de la crise; souvent c'est l'un d'eux, imagé, qui laisse son nom à l'étape, comme au chapitre d'un roman (Titre : La pédalée tumultueuse de Kubler).

Le rôle du langage, ici, est immense, c'est lui qui donne à l'événement, insaisissable parce que sans cesse dissous dans une durée, la majoration épique qui permet de le solidifier.

Le Tour possède une morale ambiguë : des impératifs chevaleresques se mêlent sans cesse aux rappels brutaux du pur esprit de réussite. C'est une morale qui ne sait ou ne veut choisir entre la louange du dévouement et les nécessités de l'empirisme. Le sacrifice d'un coureur au succès de son équipe, qu'il vienne de lui-même ou qu'il soit imposé par un arbitre (le directeur technique), est toujours exalté, mais toujours, aussi, discuté. Le sacrifice est grand, noble, il témoigne d'une plénitude morale dans l'exercice du sport d'équipe, dont il est la grande justification; mais aussi il contredit une autre valeur nécessaire à la légende complète du Tour : le réalisme. On ne fait pas de sentiment dans le Tour, telle est la loi qui avive l'intérêt du spectacle. C'est qu'ici la morale chevaleresque est sentie comme le risque d'un aménagement possible du destin; le Tour se garde vivement de tout ce qui pourrait paraître infléchir à l'avance le hasard nu, brutal, du combat. Les jeux ne sont pas faits, le Tour est un affrontement de caractères, il a besoin d'une morale de l'individu, du combat solitaire pour la vie : l'embarras et la préoccupation des journalistes, c'est de ménager au Tour un avenir incertain : on a protesté tout au long du Tour 1955 contre la croyance générale que Bobet gagnerait à coup sûr. Mais le Tour est aussi un sport, il demande une morale de la collectivité. C'est cette contradiction, à vrai dire jamais résolue, qui oblige la légende à toujours discuter et expliquer

le sacrifice, à remettre chaque fois en mémoire la morale généreuse qui le soutient. C'est parce que le sacrifice est senti comme une valeur sentimentale, qu'il faut inlassablement le justifier. [...]

Je crois que le Tour est le meilleur exemple que nous ayons jamais rencontré d'un mythe total, donc ambigu; le Tour est à la fois un mythe d'expression et un mythe de projection, réaliste et utopique tout en même temps. Le Tour exprime et libère les Français à travers une fable unique où les impostures traditionnelles (psychologie des essences, morale du combat, magisme des éléments et des forces, hiérarchie des surhommes et des domestiques) se mêlent à des formes d'intérêt positif, à l'image utopique d'un monde qui cherche obstinément à se réconcilier par le spectacle d'une clarté totale des rapports entre l'homme, les hommes et la Nature. Ce qui est vicié dans le Tour, c'est la base, les mobiles économiques, le profit ultime de l'épreuve, générateur d'alibis idéologiques. Ceci n'empêche pas le Tour d'être un fait national fascinant, dans la mesure où l'épopée exprime ce moment fragile de l'Histoire où l'homme, même maladroit, dupé, à travers des fables impures, prévoit tout de même à sa façon une adéquation parfaite entre lui, la communauté et l'univers.

Roland Barthes,
Mythologies,
Le Seuil, 1957

Dopage, la descente aux enfers

On n'a jamais autant consommé de stimulants ou de calmants que dans les sociétés occidentales. Les champions, en particulier les cyclistes qui disputent le Tour – épreuve démesurée s'il en est –, n'échappent pas à cette dérive. Faut-il donc être un surhomme artificiellement, si on ne l'est pas naturellement, pour venir à bout de l'épreuve mythique et devenir un «géant de la route»? Walkowiak et Hinault, deux anciens vainqueurs soutiennent le contraire : on peut même gagner à l'eau !

Longtemps folklorique, anecdotique, périphérique et ponctuel, le dopage est devenu au fil des dérapages une terrible institution avec ses filières et ses victimes. Le professionnel peut faire ce qu'il veut avec son corps, défendait Jacques Anquetil. Jusqu'à devenir un cobaye? Au péril de sa santé, et de la pérennité de l'épreuve qu'il fausse et dénature? Le débat est ouvert. La mort aux trousses du peloton a néanmoins incité organisateurs et pouvoirs publics et sportifs à prendre enfin de vraies mesures dissuasives, mais elles ne seront efficaces que si tous les coureurs deviennent raisonnables.

Depuis 1903 que le Tour existe, il a été plusieurs fois touché par des affaires de dopage, mais jamais aussi profondément qu'en 1998. Il avait eu, en épreuve reconnue d'utilité publique qui pêche parfois, son lot de défaillances inexpliquées, d'abandons inexplicables, de contrôles positifs, de sanctions hypocrites, de tricheries, et même son mort, Tom Simpson, le 13 juillet 1967.

Mais, il avait aussi joué un rôle pilote en matière de lutte anti-dopage, dès la loi Herzog de 1965 : Raymond Poulidor n'avait-il pas été le premier contrôlé, dès le Tour 1966 ? Une première, qui avait d'ailleurs déclenché un mouvement d'humeur des coureurs. Pour la première fois, les «géants de la route» étaient traités comme de simples citoyens. Un choc. Et c'est un peu ici que le bât blesse, car on voudrait, les spectateurs voudraient, et les pouvoirs publics davantage encore, que ces maîtres de l'héroïsme et de l'exploit à volonté sur 4 000 km soient toujours aussi purs et exemplaires que leurs aïeux. Le citoyen est devenu un consommateur, le coureur du Tour avec qui existe, il est vrai, une relation affective unique – n'est-il pas le seul à venir gratuitement à la rencontre de son public? – ne devrait pas avoir changé, or il n'est que le miroir d'une société qui a perdu une bonne partie de ses repères, obnubilée qu'elle est par un univers télévisuel dans lequel le champion est sorti lui aussi de son emploi, pour devenir une vedette. Les inconscients et rudes semeurs d'énergie qu'étaient les grands professionnels de la première heure ne sont plus ce qu'ils étaient. Ils doivent aller plus vite, car le Tour est devenu le grand feuilleton télévisé du mois de juillet, avec ses exploits, ses drames, et ses records d'Audimat… Un feuilleton d'un mois!

«On ne peut pas être premier dans un état second» Antoine Blondin

Un feuilleton, qui en juillet 1998, est sorti, bien malgré lui, des rubriques sportives pour envahir les faits divers, puis faire jaser dans les prétoires. Les hommes de terrain de l'équipe Festina, celle dont le leader était Richard Virenque, ne voulant plus que leur formation joue les faire-valoir, avaient décidé de faire ce qu'il fallait pour enfin gagner, autant dire d'instituer un dopage à grande échelle sous contrôle médical ! Un choix insensé, qui s'est transformé en piège. Cadres et champions ont avoué et ont payé. Richard Virenque, le dernier, a admis qu'il «avait été dopé à l'insu de son plein gré». Un aveu tardif, qui lui a valu, à 31 ans, une suspension symbolique, le privant tout de même d'un Tour 2001, plus que jamais pivot de la saison et de la vie de tout routier professionnel. Car, au fil de ses 87 éditions, le Tour, pour être démentiel, est devenu l'épreuve-phare du calendrier cycliste et le troisième événement sportif mondial après les jeux Olympiques et la Coupe du monde de football qui eux sont quadriennaux.

Mais comment le Tour, à l'origine simple épreuve d'endurance destinée dans l'esprit de son inventeur à faire vendre davantage de numéros de *L'Auto*, à forger une noblesse du muscle, tout en faisant l'apologie de l'exercice physique, a-t-il pu basculer ainsi? Une petite analyse des faits montre que cela s'est produit insidieusement, en passant de tentatives vaguement folkloriques et individuelles à des opérations plus ou moins officiellement médicalisées et structurées, au fil de ce qui est exagérément devenu «une culture du dopage».

En effet, pendant très longtemps, malgré la multiplication des difficultés montagneuses, l'allongement d'un parcours qui atteignit même les 5 700 km (2 000 de plus qu'aujourd'hui), la mauvaise qualité des routes, et jusqu'en 1937, l'absence de dérailleur atténuant les difficultés, on se dopait peu, le temps n'ayant pas la même valeur qu'à présent, et la notion d'héroïsme étant moins constamment exigée. Les contraintes des retransmissions télévisées auraient, paraît-il, en partie précipité ce passage des vieilles dentelles à l'arsenic, et de l'arsenic à l'Erythropoeitine (EPO). Les géants ne se contenteraient donc plus de gros rouge, de cognac, de porto comme Lapize, voire de champagne ou de calva, comme Robic. Le «dopage à la papa» fonctionna en effet jusqu'en 1947. Certes, par-ci, par-là, on se doutait bien que la strychnine (les billes de 4, dans le jargon) ou l'arsenic venus du monde hippique, via les vélodromes et les Six jours anglo-américains expliquaient peut-être certains comportements plus ou moins «électriques», mais le phénomène était assez circonscrit. La majorité des forçats n'absorbait guère la «dynamite», dont parlent les Pélissier à Albert Londres en 1924, on se contentait souvent d'un doigt de Ricqlès ou des Gouttes

Dynamiques des Sports officiellement célébrées par Faber et Petit-Breton en 1908 et 1909. Ne leur avaient-elles pas «procuré une énergie et une endurance incontestables, leur ayant permis d'arriver aux étapes presque sans fatigue» (sic). L'exotique, la séduisante cola du Pérou était omniprésente dans ces préparations, qui du temps de Thys ou de H. Pélissier s'appelèrent aussi «Vin Koto». Pendant les années folles, c'est le vin de Frileuse qui aurait fait de Vietto un ange de la montagne; Lambot se serait contenté de Bouillon Kub, Christophe de chocolat, et Dewaele d'Ovomaltine... En 1939, on note pourtant dans le journal organisateur une réclame joliment nuancée pour les tablettes Trebiotine, par ailleurs sponsor officiel : «pas un doping, mais un reconstituant». Également en usage dans le peloton, l'éther, très volatil et d'odeur caractéristique, était parfois utilisé astucieusement dans des oranges «farcies».

Mais, c'est la Seconde Guerre mondiale qui provoquerait l'escalade, avec l'intrusion dans le peloton des amphétamines dont se servaient les pilotes de la RAF pour «tenir» lors de leurs bombardements sur l'Allemagne. Pour Fausto Coppi ce serait «la bomba» et, de son propre aveu, il s'en servirait souvent, longtemps. Un excès que stigmatiserait son adversaire Bartali, qui se contenterait d'eau bénite, et de regards inquisiteurs dans les poubelles des apprentis sorciers. Les piqûres se banaliseraient vite, y compris en course, et du solucamphre, stimulant cardiaque toléré et utilisé à l'occasion par Robic ou Bobet, d'aucuns passeraient allègrement aux amphétamines. Lors d'une chaude étape prémonitoire sur le Ventoux en 1955, l'orthédrine française, ou sympanine italienne épingleraient Ferdi Kubler et Jean Malléjac. Bave aux

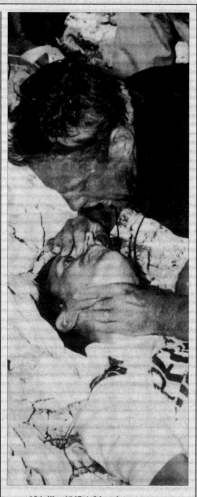

Le 13 juillet 1967, à 3 km du sommet du Ventoux, l'Anglais Tom Simpson s'effondre dans la caillasse brûlante. On lui fait du bouche-à-bouche en vain. Il succombera d'un collapsus cardiaque, un syndrome d'épuisement provoqué par des amphétamines. «Tu es fatigué, mais avec elles, tu as toujours envie de faire du vélo», déplore le professionnel Jean-Claude Blocher.

lèvres, le grand Suisse s'en tirerait avec une défaillance sévère. Il faudrait toute la vivacité et tout le talent du Dr Dumas pour sauver le Breton *in extremis*. Reculant insidieusement le seuil de fatigue, les amphétamines provoqueraient ainsi beaucoup de drames, jusqu'à la cruelle disparition en course de Simpson en 1967.

Les pentes du Ventoux étaient comme souvent surchauffées, et il n'y avait pas d'air. «Tonton, Tintin et Riri», lisez Tonédron, Pervitine et Ritaline, connaissent alors leur triste âge d'or, Nencini les distribue à poignées pour dynamiser une poursuite, un plein carton destiné à Gaul en sera intercepté par la douane. Le fléau est terrible, Daniel Clément, entraîneur national, tire énergiquement le signal d'alarme, comme le Dr Dumas, comme Jean Bobet, frère de Louison, fuyant un peloton professionnel saisi par le délire. C'est la folie des années 1960. Roger Rivière se brise la colonne vertébrale dans une descente du Tour, après une absorption massive d'anti-douleurs qui a obéré ses réflexes au freinage, quant à Coppi, qui n'était plus que l'ombre d'un *campionissimo*, il avait été en début d'année une proie facile pour une crise de paludisme mal diagnostiquée! Bartali, son trop sage adversaire, pourtant son aîné de cinq ans, ne s'éteindrait que courant 2000, à 86 ans, comme Garin, le premier vainqueur. Admirable preuve que le Tour a toujours pu se gagner à l'eau, au sirop d'escargot, comme le soulignent, un peu trop esseulés, Walkowiak et Hinault, autres vainqueurs.

Les années 1960 sont encore marquées sur le Tour 1962 par une pathétique histoire d'intoxication avec des truites peu fraîches, qui met sur le flanc les deux tiers du peloton, et dans une colère noire le Dr Dumas, qui menace de quitter la course et demande l'exclusion des soigneurs douteux. Le hic, c'est que certains docteurs le sont aussi. Celui de Marcel Janssens était venu «le traiter» lors du Tour 1959, et en 1960 à Millau, c'est un certain Dr Peracino qui, selon le grand spécialiste de la lutte contre le dopage, le Dr De Mondenard, vient perfuser d'hormones mâles le maillot jaune lui-même, Gastone Nencini. Une pratique pas encore interdite, et des produits pas encore recherchés. Gastone s'en tire à bon compte, encore qu'en 1980, alors qu'il n'a que 50 ans, il quitte, semble-t-il prématurément, une vallée de larmes sans sprint intermédiaire.

Pour être dramatique, le bilan de ces années «amphètes», qui rendront Anquetil, un adepte, probablement moins résistant au cancer qui l'emporte en 1987, à seulement 53 ans, et qui foudroieront à moins de 65 ans la moitié de l'équipe de France du Tour 1959, sera peut-être encore moins terrible que celui des années cortisone, qui prennent magiquement, si l'on ose dire, en partie le relais à partir de 1970. Jean-Claude Blocher, jeune professionnel amendé, témoigne sur la saison 1973 : «Les amphétamines, c'est un truc épatant. Tu es à 30 % au-dessus de tes moyens… Pour être franc, j'avais trouvé un remède miracle, sur les conseils d'un ancien coureur, un joint épatant à base d'hormones et de cortisone. Tout le monde le faisait. Pourquoi pas moi?» Double vainqueur du Tour en 1975, et 1977, Bernard Thévenet avouera un peu plus tard n'avoir pas su résister aux charmes vénéneux de la cortisone, qui rend les coureurs bouffis ou (et) bronchiteux, quand elle n'irrite pas les yeux, expliquant une grande période de lunettes de soleil. Bien entendu, on a depuis longtemps oublié que les coureurs professionnels sont censés absorber ce qui leur convient, comme le défendait

Anquetil. La santé publique, sans parler des ministères de l'Intérieur, de la Justice, ou des Sports, invoquant le potentiel d'exemplarité des champions, autant que la législation sur le dopage ou la nécessaire lutte contre le trafic de produits interdits ne sont pas de cet avis. De temps en temps, bien qu'elles soient régulièrement en retard d'une guerre, les institutions prennent un petit avantage momentané, vite grignoté par des affairistes désireux d'améliorer les performances de salariés dont les émoluments, sous l'influence de la télévision et de Tapie, deviendront bientôt mirobolants. Aujourd'hui, c'est l'affaire Festina, en 1974, c'était la détection soudaine des pipéridines, et en 1977, celle de la pémoline, qui prit de court quelques canards boîteux du peloton gavés d'«amphètes». Un nouveau cap sera franchi avec la mise hors course de Pollentier lors du Tour 1978, dont il est le leader à l'Alpe d'Huez. Lors du contrôle quotidien, il se fait piéger avec une poire pleine d'urine propre sous l'aisselle. Un procédé grossier, qui ne sera pas étranger à une nouvelle fuite en avant. Autre détail important de cette affaire, le champion belge avouera avoir été complètement surpris, les précédents contrôles s'étant passés, selon lui, à la bonne franquette.

Les années 1980 seront celles des stéroïdes anabolisants permettant aux champions d'aller plus vite et plus haut sans risque de se faire piéger, pour peu qu'ils prennent bien les produits écrans, et respectent les délais de cures ou de prises par rapport aux contrôles. Ceux-ci ne seront efficaces que plus tard, en tout cas en 1988, où l'Espagnol Pedro Delgado est en passe de faire aussi bien qu'Ocaña et Bahamontes, quand un contrôle atteste de sa prise de probénicide, un produit masquant la prise d'anabolisant.

Il est sur le point d'être mis hors course, au grand dam de toute l'Espagne indignée, quand un petit malin s'aperçoit que s'il est interdit par le Comité international olympique, ce produit ne l'est pas encore par l'Union cycliste internationale dont les règlements sont en vigueur sur le Tour. Le champion est blanchi, et le produit est prohibé par l'UCI quinze jours plus tard. On a eu chaud.

Avec les années 1990, l'hormone de croissance séduira de nouveaux champions, qui découvrent aussi la révolutionnaire Erythropoeitine (EPO). Il s'agit toujours d'augmenter la puissance, le rendement. La première provoquera également un développement de certains os plats, obligeant quelques champions à des ajustements dentaires imprévus, la seconde, permettant de multiplier les globules rouges et facilitant la performance par une meilleure oxygénation, provoque à ses débuts un redoutable épaississement sanguin, qui contraindra les «pionniers» à faire des pompes toute la nuit, pour éviter un drame. Des médecins italiens, un moment proches des pouvoirs publics, institutionnaliseront presque ces pratiques dignes des Borgia. Un important cortège de disparitions prématurées, accidentelles, émaillera alors les rubriques nécrologiques, car ces produits souvent destinés à de grands malades, pris individuellement, ou avec la bénédiction de praticiens ayant perdu de vue le serment d'Hippocrate, peuvent provoquer embolie pulmonaire, arrêt cardiaque, cancer du foie ou des testicules, sans parler de dégénérescences cérébrales. Un cheval de labour ne peut pas devenir un cheval de course, sans en payer le prix. Vite et fort. La roulette russe ou italienne dans sa configuration 1990 sera d'autant plus redoutable que les pouvoirs sportifs, civils et médicaux, se chicanant un peu, beaucoup, trop, retarderont la mise en place des protocoles de détection. Quant aux sanctions, elles apparaîtront souvent insuffisantes : quinze jours d'arrêt de travail (sic) pour un coureur dont le taux d'hématocrite dépasse le seuil fatidique et toléré de 50… Certes, avec la récidive, on va plus loin, mais des indiscrétions permettent aux coureurs prévenus des contrôles d'utiliser des subterfuges permettant d'abaisser rapidement, quoique non sans risque, le taux fatidique. Le Danois Riis, quand il survola le Tour 1996, aurait eu un taux d'hématocrite proche de 57. Les Français sont les plus actifs dans cette lutte contre le dopage. Ils ont mis en place un contrôle «longitudinal» continu, qui a montré d'emblée début 2000, que sur 177 coureurs contrôlés 60 n'étaient pas encore «rentrés dans le rang», ces derniers sont malgré tout en train de prendre conscience du danger, des enjeux et de redevenir raisonnables. Le mal est cependant profond et une vaste enquête épidémiologique du Dr de Mondenard portant sur 2 363 coureurs professionnels de l'après-guerre avait montré qu'un coureur âgé de 25 à 34 ans avait cinq fois plus de chance d'avoir un accident cardio-vasculaire qu'un non sportif du même âge !

Le drame, dans cette course entre le gendarme et le fraudeur, c'est que l'EPO étant maintenant détectable, des coureurs seraient passés au perfluorocarbone (PFC), à l'hémoglobine réticulée, et à l'Insuline Grow Factor (IGF1), nécessitant auparavant une stimulation par hormone de croissance dont les moindres effets indésirables peuvent être diabète et hypertension. La Société du Tour de France vient heureusement de prendre des mesures d'une ampleur sans précédent pour lutter contre le fléau : niveaux des contrôles plus sérieux et plus nombreux, voire des sanctions, recherche avec le CNRS. L'EPO sera impitoyablement traquée. L'organisateur a certes un léger retard, mais sa volonté de terrasser le mal est là. Elle est vraiment essentielle pour préserver la crédibilité de la course, sa survie, et malgré eux, la santé de coureurs, qui peuvent encore nous faire rêver sans devenir des cobayes disparaissant à 30 ans. Roger Walkowiak, le sage vainqueur du Tour 1956, le plus beau de l'histoire, selon Jacques Goddet, a un rêve fou, celui d'un Tour dont les champions partiraient sans rien prendre, tous à égalité. «Le meilleur gagnerait quand même», dit-il, convaincant.

Serge Laget et Docteur Puyfoulhoux

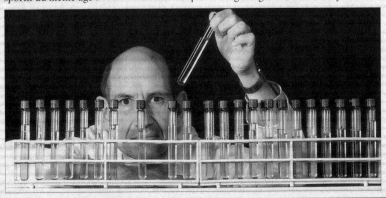

PALMARÈS

MASCULIN

1903	Garin (Fr.)
1904	Cornet (Fr.)
1905	Trousselier (Fr.)
1906	Pottier (Fr.)
1907 et 1908	Petit-Breton (Fr.)
1909	Faber (Lux.)
1910	Lapize (Fr.)
1911	Garrigou (Fr.)
1912	Defraye (Belg.)
1913 et 1914	Thys (Belg.)
(1915-1918 : interruption)	
1919	Lambot (Belg.)
1920	Thys (Belg.)
1921	Scieur (Belg.)
1922	Lambot (Belg.)
1923	Pélissier (Fr.)
1924 et 1925	Bottecchia (It.)
1926	Buysse (Belg.)
1927 et 1928	Frantz (Lux.)
1929	Dewaele (Belg.)
1930	Leducq (Fr.)
1931	Magne (Fr.)
1932	Leducq (Fr.)
1933	Speicher (Fr.)
1934	Magne (Fr.)
1935	Maes (Belg.)
1936	Maes (Belg.)
1937	Lapébie (Fr.)
1938	Bartali (It.)
1939	Maes (Belg.)
(1940-1946 : interruption)	
1947	Robic (Fr.)
1948	Bartali (It.)
1949	Coppi (It.)
1950	Kubler (Suisse)
1951	Koblet (Suisse)
1952	Coppi (It.)
1953 à 1955	Bobet (Fr.)
1956	Walkowiak (Fr.)
1957	Anquetil (Fr.)
1958	Gaul (Lux.)
1959	Bahamontès (Esp.)
1960	Nencini (It.)
1961 à 1964	Anquetil (Fr.)
1965	Gimondi (It.)
1966	Aimar (Fr.)
1967	Pingeon (Fr.)
1968	Janssen (Holl.)
1969 à 1972	Merckx (Belg.)
1973	Ocaña (Esp.)
1974	Merckx (Belg.)
1975	Thévenet (Fr.)
1976	Van Impe (Belg.)
1977	Thévenet (Fr.)
1978 et 1979	Hinault (Fr.)
1980	Zoetemelk (Holl.)
1981 et 1982	Hinault (Fr.)
1983 et 1984	Fignon (Fr.)
1985	Hinault (Fr.)
1986	LeMond (E.-U.)
1987	Roche (Irl.)
1988	Delgado (Esp.)
1989 et 1990	LeMond (E.-U.)
1991 à 1995	Indurain (Esp.)
1996	Riis (Dan.)
1997	Ullrich (All.)
1998	Pantani (It.)
1999 à 2002	Armstrong (E.-U.)

FÉMININ

1984	Marianne Martin (E.-U.)
1985 et 1986	Maria Canins (It.)
1987 à 1989	Jeanie Longo (Fr.)
(1990-1991 : interruption)	
1992 et 1993	Leontien Van Moorsel (Holl.)
1994	Valentina Polhanova (CEI)
1995 à 1997	Fabiana Luperini (It.)
1998	Edita Pucinskaïte (Lituanie)
1999	Diana Ziliute (Lituanie)
2000 et 2001	Joane Somarriba (Esp.)
2002	Zinaïda Stahurskaïa (Biélorussie)

RECORDS

• Les tours les plus longs
- avant 1939 : 1926, 5 745 km
- après 1945 : 1948, 4 922 km

• Les tours les plus courts
- avant 1939 : 1904, 2 388 km
- après 1945 : 1989, 3 282 km

• L'étape la plus longue
- avant 1939 : 1919, Les Sables-d'Olonne – Bayonne, 486 km
- après 1945 : 1952, Vichy-Paris, 354 km

• L'étape la plus courte
- avant 1939 : 1937, Royan-Saintes, 37 km
- après 1945 : 1971, Luchon-Superbagnères, 18,5 km

• Les meilleures moyennes
- avant 1939 : 1939, Sylvère Maes, 31,986 km/h
- après 1945 : 1999, Armstrong, 40,276 km/h

• Les records de victoires
- 5 victoires
Anquetil : 1957, 1961, 1962, 1963, 1964
Merckx : 1969, 1970, 1971, 1972, 1974
Hinault : 1978, 1979, 1981, 1982, 1985
Indurain : 1991, 1992, 1993, 1994, 1995
- 4 victoires
Armstrong : 1999, 2000, 2001, 2002
- 3 victoires
Thys : 1913, 1914, 1920
Bobet : 1953, 1954 ,1955
LeMond : 1986, 1989, 1990

• Les victoires par pays (89 éditions)
France : 36. Belgique : 18. Italie : 9.
Espagne : 8. Etats-Unis : 7. Luxembourg : 4.
Suisse : 2. Hollande : 2. Allemagne 1.
Danemark : 1. Irlande : 1.

FILMOGRAPHIE

- 1925 *Le Roi de la pédale*, de Maurice Champreux (film muet en 6 épisodes).
- 1928 *La Ronde infernale*, de Henri Decoin.
- 1931 *Hardi, les gars!* de Maurice Champreux (reprise, parlante, des épisodes du *Roi de la pédale*).
- 1939-1941 *Pour le maillot jaune*, de Jean Stelli (avec Albert Préjean).
- 1948 *Cinq Tulipes rouges*, de Jean Stelli.
- 1963 *Vive le Tour*, de Louis Malle (court métrage) sur le Tour 1962.
- 1965 *Pour un maillot jaune*, de Claude Lelouch (documentaire).
- 1973-1974 *La Course en tête*, de Joël Santoni (sur Eddy Merckx).

BIBLIOGRAPHIE

- Augendre (Jacques), *La Mémoire du Tour de France, entretiens avec C. Penod*, Cristel, 2001.
- Barthes (Roland), «Le Tour de France comme épopée», dans *Mythologies*, Le Seuil, 1957.
- Blondin (Antoine), *Tours de France, chroniques de l'Équipe, 1954-1982*, par S. Rysman, La Table Ronde, 2001.
- Bobet (Jean), *Lapize, celui-là était un as,* La Table Ronde, 2003.
- Borgé (Jacques), *Le Tour de chez nous*, MDM, 1993.
- Calvet (Jacques), *Le Mythe des géants de la route*, Presses Universitaires de Grenoble, 1981.
- Chany (Pierre), *La Fabuleuse Histoire du Tour de France*, Editions de la Martinière, 1995.
- Collectif, *100 ans de Tour de France*, L'Équipe-Calman-Lévy, 2002.
- Dazat (Olivier), *L'Honneur des champions*, Hoëbeke, 2000.
- Durry (Jean), *La Véridique Histoire des géants de la route*, Edita-Denoël, 1973.
- Goddet (Jacques), *L'Equipée belle*, Robert Laffont/Stock, 1991.
- Fallet (René), *Le Vélo*, Julliard, 1972.
- Kobayashi (Keizo), *Pour une bibliographie du cyclisme*, Fédération française de Cyclotourisme et Fédération française de Cyclisme, 1984.
- Laborde (Christian), *Pyrène et les vélos*, Les Belles Lettres, 1993.
- Laborde (Christian), *L'Ange qui aimait la pluie*, Albin Michel, 1994.
- Laborde (Christian), *Le Petit Livre jaune*, Mazarine, 2000.
- Laget (Françoise, Lionel, Serge), *L'Univers du vélo*, Solar, 2001.
- Laget (Françoise, Lionel, Serge), *Le Tour en toutes lettres*, ADPF, 2003.
- Londres (Albert), *Les Forçats de la route*, Arléa, 1996.
- Mondenard (Jean-Pierre de), *Dopage, l'imposture des performances*, Chiron, 2000.
- Nucera (Louis), *Mes rayons de soleil*, Grasset, 1987.
- Nucera (Louis), *Le Roi René, la passion du vélo*, Le Comptoir, 1996.
- Ollivier (Jean-Paul), *Maillot jaune*, Sélection du Reader's Digest, 2003.
- Ollivier (Jean-Paul), *Le Tour de France*, Arthaud, 2000.
- Pellos (René), *Les Héros du Tour, 1903-1953*, Quintette, 1984.
- Penot (Christophe), *Pierre Chany, l'homme aux 50 Tours*, Cristel, 1996.
- Penot (Christophe), *Jean-Marie Leblanc, gardien du Tour de France*, Cristel, 1999.
- San Antonio, *Vas-y Béru !*, Fleuve Noir, 1965.
- Van der Wal (Reina) et Groen (Rob), *Le Tour de France de A à Z*, Sports and Free Time International, Pays-Bas, 1990.
- Vidal (Maurice), *L'Aventure du Tour de France*, Messidor, 1987.
- Vigarello (Georges), «Le Tour de France : une passion nationale», dans *Sport-Histoire*, n° 4, Privat, 1989.

MUSÉOGRAPHIE	SITES INTERNET
- Musée d'Art et d'Industrie, place Louis-Comte, 42000 Saint-Etienne. - Aire de repos des Pyrénées, auroroute A 64 (Toulouse-Bayonne), entre Tarbes-Ouest et Somoulou (sculpture géante, fresques, etc.). - Musée Breuillé, place de l'Eglise, 64250 Cambo-les-Bains. - Véloparc, 34 rue des Alliés, Manehouarne, 56240 Plouay. - Musée Louison-Bobet, 35290 Saint-Méen-le-Grand. - Musée du Vélo, Château Bosc, 30390 Domazan. - Vélocithèque Gérard-Salmon, Le Bois, 69590 Pomeys. - Musée du Vélo, La Belle Echappée, 72600 La Fresnaye-sur-Chedouet. - Musée du Vélo, Le Bois Bernier, 71460 Cormatin. - Musée du Cyclisme, rue de la Baronne Lemonnier, 5580 Lavaux-Sainte-Anne, Belgique. - Maison natale et mausolée Fausto Coppi, Castellania, Piémont, Italie. - Musée du Cycle, ferme du château de Famelette à Huccorgne, 4500 Huy, Belgique.	http://www.lancearmstrong.com http://www.pantani.it http://www.letour.fr http://www.qooiz.com/tour-de-france http://www.fr.sports.yahoo.com http://www.compagnieduvelo.com http://www.canalsports.com http://www.France.sports.com http://www.sports.com http://www.sportsnotes.com http://www.lequipe.fr http://www.opinion-ind.presse.fr http://www.France.diplomatie.fr http://www.adpf.asso.fr http://www.sportconsulting.be http://www.memoire.rivals.net http://www.eurosport.fr http://www.afp.com/français http://www.sport24.com http://www.sportever.fr http://www.sportal.fr

TABLE DES ILLUSTRATIONS

INDEX

CRÉDITS PHOTOGRAPHIQUES

Angel-Sirot, Paris 42. Association des Amis de Jacques-Henri Lartigue 66h, 67. Bibliothèque nationale de France, Cabinet des Estampes, Paris 24h, 24b, 26-27, 29h. Roger Blachon, Paris 112. Jean-Loup Charmet, Paris 13b, 16, 74b. DR 13h, 17b, 39b, 50b, 59d, 60-61, 62-63, 63h, 64h, 64b, 66h, 68, 69h, 69b, 70h, 70b, 72b, 73, 75, 76h, 76b, 85h, 85b, 86, 87, 88, 90, 92, 92b, 98-99b, 100h, 100m, 100b, 101b, 102-103, 103, 105hg, 105hd, 105b, 106-107, 108-109, 113-114, 117, 118, 123, 131 Dero 101b, 110h. Edimédia, Paris 74h. Gallimard/J. Robert 139. Germanisches Nationalmuseum, Nuremberg 12. Keystone, Paris 129. Serge Laget, Paris 9, 10, 11, 14g, 15d, 17h, 19h, 18-19b, 20h, 20m, 21, 26hg, 28, 29b, 31m, 31d, 32, 33, 34, 35, 36, 37, 38-39h, 40, 41g, 44h, 44b, 45h, 45b, 47h, 47b, 50h, 52, 54h, 54b, 55, 58. Magnum/Robert Capa 78-79, 80-81, 82-83, 84, 143. Magnum/ Raymond Depardon 110b. Miroir-Sprint 91h, 91b, 93, 98-99h. Pellos 53, 72b, 75, 89, 100b, 118, 132. Presse-Sports, Paris 2e plat de couv., 56h, 56b, 57h, 57b, 64-65, 72h, 77, 94-95, 96b, 97, 104, 111d, 115, 119b, 121, 122, 126, 127d, 146, 158. Presse-Sports/Boutroux 127, 128. Presse-Sports/ Clément 1. Presse-Sports/Deschamps 3. Presse-Sports/Fèvre 126. Presse-Sports/Bob Martin 149. Presse-Sports/Pochat Dos. Presse-Sports/Prévost 1er plat de couv., 2, 4-5, 7. Presse-Sports/Laget 23, 26hm, 30, 59g. Presse-Sports/Zabel 6. Roger-Viollet, Paris 41m, 41d, 48-49, 51. S.A.M. 101h, 111g, 124. S.A.M./Baranyi 116. S.A.M./Buguin 127g. S.A.M./Olympia 117. S.A.M./Martignac 119h. Sipa Sports 27. Tapabor/De Selva, Paris 14d, 15g, 43. Tapabor/Kharbine 25, 46, 71. Vandystadt, Paris 120-121. Vandystadt/Guichaoua 125.

REMERCIEMENTS

Tous les remerciements de l'auteur vont vers : J. Augendre, Y. Ballu, Dr J. Brucker, P. Brunet, Clément, T. Cosson, R. Déro, J. de Smet, J. Donnart, J.-P. Etchevers, F. Fayolle, D. Garel, J. Goddet, G. Labrosse, P. Legroux, P. Lemen, R. Lemoël, D. Levieil, J.-P. Licois, J.-M. Luu, R. Maric, A. Narcy, D. Magnien, M. Merejkowski, N. Nilly, Y. Petit-Breton, R. Perrin, R. Pigny, J.-F. Puyfoulhoux, L. Robyn, G. Salmon, C. Sudres, J. Traclet.

ÉDITION ET FABRICATION

DÉCOUVERTES GALLIMARD
COLLECTION CONÇUE PAR Pierre Marchand.
DIRECTION Élisabeth de Farcy.
COORDINATION ÉDITORIALE Anne Lemaire.
GRAPHISME Alain Gouessant.
COORDINATION ICONOGRAPHIQUE Isabelle de Latour.
SUIVI DE PRODUCTION Fabienne Brifault.
SUIVI DE PARTENARIAT Madeleine Gonçalves.
PROMOTION & PRESSE Flora Joly et Pierre Gestède.

LA SAGA DU TOUR DE FRANCE
EDITION Delphine Babelon.
ICONOGRAPHIE Chantal Hanoteau.
MAQUETTE Jean-Claude Chardonnet.
LECTURE-CORRECTION Béatrice Peyret-Vignals et Jocelyne Marziou.

Table des matières